브랜드 액티비즘

브랜드 액티비즘

김홍탁 김예하 지음

BRAND ACTIVISM

클라우드나인

브랜드는 옳은 일을 통해 선한 영향력을 미치는 인플루언서가 돼야 한다

우리는 아침에 일어나 잠자리에 들 때까지 하루에 몇 개의 브랜드와 접촉하면서 지내고 있을까? 스마트폰과 그 안에 빼곡히 들어찬 각종 앱들, 업무용 또는 오락용 노트북과 태블릿, 스포츠 생중계를 보기 위해 특별히 구입한 고화질 대형 TV, 어디서든 연결되는 블루투스 스피커, 오픈런으로 건진 한정판 스니커즈, 60개월 리스로 입양한 드림카, 텀블러에 담긴 케냐 원두커피, 줄 서서 먹는 성수동의 순댓국집, 새로 개장해서 방문해본 대형 쇼핑몰, 전국에 프랜차이즈 가맹점을 둔 미용실, 찬거리와 과일을 구입하기 위해 들른 기업형 마트, 늦은 밤 OTT로 영화를 보며 먹으려고 준비한 맥주와 안주, 잠들기 전 샤워하면서 쓰는 탈모 방지 샴푸와 오가닉 샤워젤, 순면 100%의 파자마, 흔들리지 않는 편안함을 선사하는 침대와 숙면을 유도하는 아로마 스틱……. 열거하자면 한도 끝도 없다. 한마디로 우리는 '브랜드 공화국'에 살고 있는 것이다.

브랜드 공화국의 시민으로서 우리는 각각의 브랜드가 마치 인격과 성격이 있는 것처럼 대하기 시작했다. 상품Commodity이 그저 돈과 교환가치를 지닌 것이라면 브랜드는 상징적 가치를 지닌 지위에 있기 때문이다. 실례로 지난 몇 년간 우리나라에서 기업 오너의 잘못으로 브랜드가 오명을 뒤집어쓰고 나쁜 브랜드로 낙인찍힌 사례가 있다. 반대의 경우 브랜드는 아이돌처럼 추앙받았다. 전자는 남양유업이 있고 후자는 매일유업(2024년 한국에서 존경받는 기업 유가공 부문 7년 연속 1위 선정)이 있다. 브랜드는 그저 판매되기를 기다리며 진열대에 놓여 있을 뿐이다. 그런데 마치 사람에게 적용하듯 우리는 착한 브랜드, 나쁜 브랜드라는 수식을 붙인다. 문제가 생겼을 때 궁극적으로 모든 책임은 오너에게 있지만 소비자들은 어쨌든 브랜드를 문제 삼는다. 소비자와 접점에 있는 브랜드가 모든 책임을 뒤집어쓴다. 브랜드를 인격체로 생각하기 때문이다. 착한 인간에게 관심이 집중되듯 착한 브랜드에 박수가 몰린다.

그 결과 이상한 구매 행태가 생겨났다. 마케팅업계가 만들어낸 것이 아니라 소비자들이 자발적으로 시작한 '돈쭐낸다'는 구매 행태다. 나쁜 브랜드를 구입하지 말자는 보이콧Boycott 운동은 있었다. 그런데 지금까지 착한 제품을 응원하기 위해 무조건 구매해주자는 의미의 바이콧Buycott 현상은 존재하지 않았다. 이것은 사실 놀라운 변화다. 사회 정의에 민감해진 소비자의 생각과 태도가 브랜드에도 적용되고 있음을 시사하기 때문이다. 특히 MZ세대 사이

2020년 대한민국 대학생 대상 설문조사 결과 지속가능 상품을 구매하겠다는 비율이 87%였다.

에서 가격이 비싸더라도 지속가능한 브랜드를 구입하겠다는 비율이 높은 것은 이러한 새로운 구매 생태계를 잘 보여준다. 이제 소비자의 마음속에 브랜드는 착한 인격을 지닌 착한 브랜드와 나쁜 인격을 지닌 나쁜 브랜드로 분류돼 있다. 나쁜 브랜드로 분류되는 순간 브랜드는 물론 제조사까지 한 번에 무너질 수 있다. 소비자의 소비 주권 찾기 운동이 매우 깊고 넓게 뿌리내려 있어 타격을 입은 브랜드는 쉽게 회복하지 못한다. 우리가 민주 공화국 시민으로 대통령이나 국회의원이 마음에 안 들 때 투표를 통해 당선되지 못하게 하거나 탄핵하는 것과 비슷하다. 브랜드 공화국 시민의 권리를 행사하는 것이다. 이에 따라 기업 운영과 브랜드 관리가 훨씬 더 어려워졌다. 브랜드의 리스크 관리와 함께 회복탄력성이 주된 화두가 되는 이유다. 착한 브랜드로 포지셔닝하기 위해 치러야 하는 비용과 노력이 극대화된 것이다.

이제 개개의 브랜드가 파워 브랜드가 되기 위해서는 여러 조건을 갖추어야 한다. 그중에서 '브랜드가 지속가능성을 담보하는 올바른 브랜드가 돼야 한다.'는 매니페스토가 21세기 파워 브랜드 자격 요건의 핵심이다. 기업과 브랜드는 손길이 바빠질 수밖에 없다. 브랜드가 위험에 빠지게 되는 것은 이전처럼 제품에 이물질이 들어 있거나 쉽게 파손되거나 약속한 서비스를 이행하지 않는 등의 품질 관리에 실패했기 때문만이 아니다. 브랜드가 건전한 생태계에서 제조됐는지(저개발 국가 아동의 노동력 착취로 만들어진 것은 아닌지), 친환경 재질을 활용했는지, 탄소 배출을 고려했는지, 젠더 평등에 위배되지 않는지, 장애인도 활용할 수 있는 제품으로 기획됐는지, 갑질 회사에서 생산한 제품은 아닌지, 심지어 지구 환경을 오염시키는 회사와 파트너 관계를 맺고 생산된 것은 아닌지 등등 아주 디테일한 척도가 브랜드 평점을 좌우하고 있기 때문이다. 또한 21세기 자본주의 사회는 '주주이익 자본주의'에서 '이해관계자 자본주의'로 중심축이 바뀌었다. 이해관계자란 주주는 물론 회사 직원, 외부 협력업체, 회사와 관계를 맺고 있는 정부·자치단체·비정부기구NGO 등의 기관, 그리고 무엇보다 소비자를 아우르는 총체적 개념이다. 각 기업에선 제품이나 서비스를 생산하고 소비자에게 전달하는 과정에 걸쳐 있는 모든 관계망을 건전하고 투명하게 관리해야 한다.

지금까지 파워 브랜드의 정의는 '좋은 품질, 합리적인 가격, 뛰

Why Brand Activism Wins over Brand Neutrality

나이키의 '드림 크레이지(Dream Crazy)' 캠페인은 더 이상 브랜드가 중립적 입장을 취해서는 안 되고 사회 정의를 위해 목소리를 내야 한다는 브랜드 액티비즘의 본격적인 장을 열었다.

어난 디자인'을 갖춘 브랜드였다. 파워 브랜드는 정치·사회 문제에 대해 입장을 밝힐 이유가 없었으며 '브랜드 중립성Brand Neutrality'을 유지해왔다. 하지만 기후변화와 같은 환경 문제를 필두로 글로벌 노스Global North와 글로벌 사우스Global South의 격차, 전쟁과 난민, 바이러스로 인한 팬데믹, 젠더 불평등, 인권 유린 등의 문제로 인해 지구와 인간의 지속가능한 공존이 전 지구적 사명이 되면서 브랜드 역시 정치·사회 문제에 대해 중립적인 태도를 유지할 수 없게 됐다. 이제 브랜드가 사회 정의를 위해, 지구 환경을 위해, 착한 기업의 얼굴이 되기 위해 행동해야 할 때가 온 것이다. 그래서 브랜드가 옳은 행동을 통해 선한 영향력을 미치는 인플루언서가 돼야 하는 '브랜드 액티비즘Brand Activism'이 탄생했다. 그 결과 브랜드는 잘못된 법을 바꾸고, 건강과 보건을 위한 앱을 개발하고, 지구 환경을 지키기 위한 친환경 제품을 만들고, 흑인과 여성 인권을 위한 사회운동을 이끌고, 난민이 정착할 수 있는 시스템을 만들기도 한다. 지금까지 국제기구나 비정부기구, 민권 운동가, 빌 게이츠와 같은 안트러프러너Entrepreneur가 해오던 일에 브랜드가 뛰어들어 큰 영향력을 미치고 있다는 사실이 놀랍다.

이 책은 김홍탁이 실전에서 얻은 인사이트와 경험과 김예하가 연구 과정에서 쌓은 지식과 경험이 결합돼 있다. 이를 바탕으로 이 책의 내용은 크게 두 축으로 구성된다. 한 축은 브랜드의 관점에서 지속가능이란 주제를 다루는 새로운 상황이 왜 펼쳐졌는지에 대한 배경을 살펴본다. 다른 한 축은 브랜드가 사회 문제 해결을 위한 인플루언서로서 어떤 형태의 솔루션을 제시해 왔는지 그 성공 사례를 알아본다. 이를 위해 1장과 2장에서는 필립 코틀러와 크리스천 사르카르를 비롯한 학계 전문가들이 제시해 온 브랜드 액티비즘의 이론적 관점을 제시한다. 이어서 3장과 4장에서는 브랜드가 사회 문제 해결의 주체로 직접 작동하는 현장 중심의 브랜디드 솔루션Branded Solution의 관점을 소개한다. 학계의 관점에서 브랜드 액티비즘은 지속가능을 향한 투명 경영이 기업 경영의 핵심 과제인 이 시대에 브랜드 액티비즘을 일시적인 캠페인이 아니라 기업의 비전과 전략에 통합하여 장기적인 기업 자산으로 축적하려는 접근에 초점을 둔다. 특히 ESG의 등장으로 비재무적 가치의 자산화는 기업 입장에선 반드시 고려해야 할 사항이다. 한편 브랜디드 솔루션 관점의 브랜드 액티비즘은 유엔의 지속가능발전목표SDGs를 비롯한 글로벌 어젠다를 배경으로 브랜드가 실질적 솔루션으로 사회 문제를 해결하고 그 과정에서 사회적 공감과 행동을 촉발하는 선한 영향력을 만들어내는 현장성에 보다 주목한다.

브랜드의 역할에 대한 이러한 관점의 변화를 통해 매출과 인지도 상승을 위한 브랜드 목표Brand Goal에서 지속가능한 사회를 만들기 위한 브랜드 목적Brand Purpose으로 브랜딩의 포지션이 바뀌었다는 점을 이해하는 것이 이 책이 주는 가장 큰 시사점일 것이다. 한마디로 이 책은 브랜드 액티비즘이 단순히 담론이 아니라 사회적 선을 구체적으로 실현하는 강력한 브랜딩 전략임을 이해하는 데 도움을 준다. 매우 적절한 시기에 기업의 사회적 책임CSR을 다뤄왔던 수많은 논의를 브랜딩의 관점에서 살펴보는 총정리가 될 것으로 생각한다.

이 책은 기업과 에이전시의 브랜드 담당자, 브랜드 액티비즘을 주제로 다양한 단체와 협업해야 하는 공공기관의 유관 부서, 비정부기구 및 비영리기구NPO, 그리고 지속가능에 관련된 전공을 다루는 대학 교수와 학생들에게 맥락을 읽는 지침서가 될 것임을 확신한다. 그뿐만 아니라 눈만 뜨면 환경 문제, 인권 문제, 불평등 문제가 끊임없이 제기되는 이 시점에서 누구든 인사이트를 얻기 위해 읽어봐야 할 입문서가 될 것이라고 말씀드리고 싶다.

이 책을 펴내는 데 알게 모르게 영감을 준 모든 분과 무엇보다

계약 후 2년을 넘겼음에도 차분히 기다려주시고 마침내 책을 펴낼
귀중한 기회를 주신 클라우드나인의 안현주 대표님을 비롯한 출판
사 식구들께 감사드린다.

2026년 2월

김홍탁 김예하

[2장]
브랜드가 지속가능의
인플루언서가 되는 시대 · 69

[3장]
브랜드 액티비즘을 활성화시킨 집단지성의 힘 • 117

[4장]

브랜드 액티비즘의 핵심은
크리에이티브 솔루션 • 169

[1장]

자본주의 사회에서 브랜드의 역할 변화

브랜드brand는 '불꽃' 또는 '타오르는 나무'를 뜻하는 고대 노르웨이어 '브란드르brandr'에서 유래했다. 이것이 10세기 전후 가축의 소유권을 표시하기 위해 '불에 달궈 지지는 낙인'의 의미로 확장되어 사용되기 시작한 것이 현대적 브랜드의 어원이다. 이는 유럽의 장인들이 물품에 심벌을 새겨 신뢰를 확보하던 초기 상표 제도로 이어졌다. 즉 브랜드는 '소유와 신뢰를 각인하다.'는 의미가 있다. 자본주의 사회를 구동하는 첨병 역할을 하는 브랜드는 소비자의 마음속에 자신의 존재감을 각인하고 그들로 하여금 구매하도록 만들어야 했다. 그것이 브랜드의 역할이었다. 그러나 제품 생산량이 증가하고 다양성이 커지고 소비자가 제품을 바라보는 관점이

브랜드의 어원은 가축업자들이 자신들의 가축에 불에 달군 인두로 낙인을 찍어 소유권을 표시한 데서 시작됐다.

달라짐에 따라 각인의 역할 영역이 넓어지고 있다. 이제 브랜드는 지속가능한 사회를 만들기 위한 인플루언서로 각인돼야 하기 때문이다. 한마디로 브랜드는 미디어, 정치, 사회 문제와 결합하면서 소비자에게 '무엇을 믿고 어떻게 살아야 하는가'를 제안하는 담론 형성자 역할까지 하게 됐다. 피에르 부르디외Pierre Bourdieu의 문화자본Cultural Capital 개념을 빌려 말한다면 브랜드가 경제 자본을 넘어 문화적 상징적 자본을 생산하고 교환하게 된 것이다. 이런 흐름을 읽기 위해서는 자본주의의 발전과 함께 브랜드의 역할이 어떻게 변화돼왔는가를 살펴볼 필요가 있다. 이 장에서는 이런 관점에서 자본주의에 착종된 프로테스탄티즘 윤리, 공산주의 경제 이념, 포드자동차의 대량생산 시스템을 통한 생산방식의 변화를 거쳐 지금의 안트러프러너십Entrepreneurship에 이르기까지 돈을 바라보는 관점과 기업 운영철학의 변천을 살펴본 후 브랜드 액티비즘의 정의와 발전 과정을 다루기로 한다.

1.
자본주의를 지탱한 기독교 윤리와
브랜드 신뢰의 탄생

브랜드 철학의 뿌리는 프로테스탄트 윤리다

장 칼뱅Jean Calvin, 애덤 스미스Adam Smith, 막스 베버Max Weber는 서양사에서 노동의 신성성과 기독교 윤리에 입각한 자본주의 정신을 천명한 사상가들이다. 흔히 잘못 생각하는 것 중 하나가 기독교에서 강조하는 '금욕'을 '돈을 멀리하는 것'으로 해석하는 것이다. 기독교 정신은 성실하게 노동해서 돈을 벌 것을 주장한다.

칼뱅이 1536년에 발표한 『기독교 강요Institutio Christianae Religionis』에서 언급한 것은 '예정설'과 '소명'이었다. 칼뱅에게 직업은 신이 내린 소명vocation이었다. 그 소명에 따라 열심히 일하면 구원받을 수 있다는 것이 요지였다. 구원의 예정을 소명의식으로 완성할 것을 강조했다. 그전까지 노동은 생계 수단이었으나 칼뱅 이후 노동은 신의 소명을 수행하는 행위로 인식되기 시작한 것이다. 또한 '예정설'(누가 구원받을지 이미 정해져 있음)은 사람들에게 불안감과 자기 확신의 결핍을 낳았다. 이 불안을 극복하기 위해 신자들은 직업적 성공을 통해 자신이 '선택받은 자'임을 증명하려 했다. 그 결과로 나타난 것이 노동의 규율work ethic, 절제, 합리적 축적, 이윤의 재투자 같은 행동양식이다. '성공은 구원의 징표'일 수 있다는 내면화된 신념이 자본주의적 경제활동을 촉발시킨 것이다.

칼뱅은 일 안 하면 먹지도 말 것과 일해서 번 돈으로 나쁜 짓을 하지 말 것을 강요했다. '하나님이 다 보고 있으니 딴짓할 생각하지 말 것!'이 원칙이었다. 그는 기독교 교리를 실천하는 데 대단히 엄격하고 과격한 사람이었다. 칼뱅이 의도했던 것은 이처럼 단순한 '돈벌이'가 아니라 '신의 영광을 위한 삶'이었지만 아이러니하게도 그 소명 의식이 세속화되면서 자본주의의 핵심 윤리로 전환됐다.

애덤 스미스는 1776년 출간한 『국부론Wealth of Nations』에서 그 유명한 '보이지 않는 손' 개념을 소개했다. 이전의 책 『도덕 감정론Theory of Moral Sentiments』에서 나왔던 '실질적이고 공정한 관찰자Real and Impartial Spectator'의 발전된 개념이다. 그는 18세기 산업혁명으로 자유무역이 확대되자 국가의 부는 보유하고 있는 금과 은이 아니라 '노동으로 인해 생성된 부'라고 정의했다. 열심히 일한 노동의 대가가 곧 국부로 이어진다는 뜻이다.

그는 칼뱅이 강조한 노동의 신성성을 계승하면서 덧붙여 자유시장 경쟁을 옹호했다. 그 경쟁이 자본주의적 욕망으로 뒤틀리는 것이 아니라 가격을 결정하는 보이지 않는 손에 의해 균형을 이루며 성장한다고 보았다. 이와 함께 대다수 국민이 비참하게 사는 국가를 부유하다고 할 수 없다는 말을 남기면서 일종의 사회주의적 관점의 건강한 자본주의 윤리관을 설파했다. 애덤 스미스 사상의 연장선상에서 브랜드는 보이지 않는 손이 제대로 작동하게 하는 신뢰의 신호 역할을 한다. 소비자는 브랜드를 통해 품질, 안전, 가치에 대한 확신을 얻고 그들의 자율적 선택이 누적돼 시장질서의 건전하고 안정된 방향성을 만들어낸다. 유니레버Unilever의 도브Dove와 같은 지속가능한 리빙 브랜드sustainable living brand는 소비자의 일상적 선택이 곧 사회적 가치 실현으로 이어지게 설계했다. 브랜드는 눈에 띄는 가치를 실현하는 '보이지 않는 손' 같은 존재가 됐다.

20세기에 막스 베버는 1920년에 출간한 『프로테스탄트 윤리와 자본주의 정신Protestant Ethic and the Spirit of Capitalism』을 통해 16세기와 18세기를 거쳐 내려온 이러한 소명의식과 노동의 신성성에 입각한 자본주의 정신을 집대성했다. 그의 기본적인 사상은 신에게 받은 소명인 직업으로 열심히 일하면 된다는 칼뱅의 생각을 공유한다. 단 막스 베버는 칼뱅의 사상 그 자체보다 칼뱅주의적 신앙이 형성한 사회적 행태에 주목했다. '합리적 금욕주의rational asceticism와 근면diligence, 절제frugality는 신앙적 내면의 확신을 세속적 직업활동 속에서 표현한 것이다.'란 주장이 이를 뒷받침한다. 그는 한 마디로 '돈 버는 일 자체는 나쁜 일이 아니며 어떻게 쓰느냐가 문제'라는 관점을 표명했다. 쓸데없이 쓰지 말고 옳은 일에 투자해서 사람을 키우고 세상을 세우라는 것이다. 돈을 모으되 금욕하는 것이 구원받는 것이라며 돈을 모으는 목적의 윤리성을 강조했다. 그는 '세속 내 금욕Innerworldly Asceticism'을 중요시했다. 세상을 떠나 수도하는 것이 아니라 세속에서 절제하며 일하고 축적하며 윤리적으로 사는 것이 구원받는 것이라 주장했다. 그 결과로 합리적 자본주의가 태어났다고 생각했다. 그것이 프로테스탄트 윤리다.

베버는 책 제목에서 드러나듯 프로테스탄트 윤리관이 자본주의 정신에 착종돼야 한다고 주장한다. 그가 주장한 근검, 성실, 합리성 같은 덕목은 브랜드 신뢰의 기반이 됐다. 예를 들어 19세기 미국에서 성장한 청교도적 기업가정신은 '정직한 품질과 공정한 가격'을 지향함으로써 소비자 신뢰의 초석을 놓았다. 존슨앤드존슨Johnson & Johnson, 피앤지P&G 같은 기업들은 초기부터 '성실한 경영'을 내세워 품질 보증과 소비자 권익 보호를 강조했다. 이는 오늘날 브랜드 충성도의 뿌리가 됐다. 이처럼 베버가 말한 프로테스탄트 윤리의 덕목들은 경제학적 개념을 넘어 브랜드가 사회와 맺는 신뢰 계약social contract의 토대였다. 즉 자본주의와 브랜드 철학의 뿌리는 프로테스탄티즘에 있다.

안트러프러너십은 프로테스탄트 윤리를 현대적으로 발전시켰다

프로테스탄트 윤리에 입각한 자본주의 정신을 현대에 꽃피운 것이 기업가정신, 즉 안트러프러너십이라 생각한다. 안트러프러너는 단순히 회사를 세운 사람이 아니라 사회·환경 문제를 시장과 시스템 안에서 해결하려는 혁신가다. 안트러프러너는 기업을 살리면서 동시에 세상을 구한다. 빌 게이츠를 안트러프러너십의 대표적 인물로 생각하는 것도 그가 기업을 키우고 투자해서 세상을 바꾸고 지금처럼 세상 문제를 해결하는 데 일생을 바치고 있기 때문이다. 그는 '빈곤의 악순환'을 끊고 싶어 하고 이를 실천한다. 그는 늘 "돈만 버는 사업은 오래가지 않는다."라고 강조하며 창의성과 공감을 바탕으로 사회적 가치를 창출하고 지속가능한 임팩트를 만드는 것을 핵심으로 삼는다.

빌 게이츠가 브랜드를 태하는 태도 역시 안트러프러너십에서 기인한다. 그는 '브랜드는 신뢰다Brand is trust.'라는 취지의 메시지를 자주 활용한다. 소비자는 기업이 내세운 가치와 실제 행동이 일치한다고 믿을 때 브랜드를 신뢰한다는 의미다. "브랜드는 약속이다. 좋은 브랜드는 약속을 지킨 브랜드다A brand is a promise. A good brand is a promise kept."라는 그의 언급 역시 브랜드의 가치가 소비자의 신뢰와 직결된다는 생각을 반영한다. 그의 이러한 생각은 브랜드 액티비즘의 핵심 가치이기도 하다.

안트러프러너에 반대되는 기업은 독점을 통해 이윤만 추구하려는 기업이라 할 수 있을 것이다. 독점적 운영 방식을 통해 왕국을 건설하고 사회적 가치 창출엔 관심도 없으면서 어떡하면 노동자를 쥐어짜서 자기 일가의 재산을 불릴 것인지만 생각한다. 이들의 행태를 '부의 악순환'이라 칭하고자 한다. 그들은 세습된 나쁜 버릇을 그대로 구현한다. 이러한 구조가 반복될수록 부와 기회는 한쪽으로 쏠리며 불평등은 구조적으로 고착된다. 프로테스탄티즘이 착종된 것이 아니라 마키아벨리즘이 착종된 것이다. 안트러프러너가 포용적 경제 제도Inclusive Economy Institutions를 운용한다면 독점기업은 착취적 경제제도Extractive Economy Institutions를 가혹하게 돌린다.

2.
탐욕 자본주의의 한계와 소비자의 새로운 심판 체계

자본주의는 금욕에서 출발해 착취적 경제 제도로 나아갔다

자본주의는 프로테스탄트 윤리인 소명과 금욕에 입각해 형성됐지만 현실에선 이윤을 불려 자본가를 양산하는 착취적 경제 제도로 나아갔다. 어쨌든 돈을 버는 것이 목적이 될 수밖에 없는 자본주의에서 금욕을 강조하는 것은 사실 용납하기 쉽지 않다. 아무리 신실한 기독교인이라 할지라도 물욕에 대해 한 점 부끄럼 없는 사람은 없을 것이다. 그래서 고해성사라는 훌륭한 시스템이 존재한다. 죄를 짓더라도 고백하면 죄 사함을 받는 시스템이 존재한다는 것은 매우 상징적이다. 고해성사는 사람들을 느슨하게 풀기도 하고 죄기도 하면서 저항할 수 없는 권력을 보여주려는 기제다. 결국 프로테스탄트 윤리와 자본주의의 결합은 단순히 경제 체제의 기원이 아니라 절제와 욕망, 죄책과 구원, 축적과 면죄라는 근대적 인간 조건을 드러내는 거대한 철학적 아이러니이기도 하다.

19세기에 아주 엄격한 교조주의 사제가 등장했다. 카를 마르크스Karl Marx다. 그는 종교를 부정했기에 사제라는 말이 어울리지 않지만 부패한 자본주의 종교에 철퇴를 가하고 싶어 했다. 사실 그는 유대인 랍비 가문 출신이다. 산업혁명을 통해 자본주의가 더더욱 활성화되고 세상이 돈맛을 알아갈 즈음 그는 세상이 속물주의로 치닫는 것에 분노를 느꼈다. 1867년에 발표한 기념비적 저작 『자본론Capital: A Critique of Political Economy』*에서 자본가를 노동자로부터 잉여노동을 착취하는 사회의 나쁜 집단으로 질타했다. 자본가는 잉여노동에 대가를 지불하지 않기에 잉여노동에서 발생한 잉여가치는 자본가만 배불리게 한다는 논지였다.

그의 이론은 자본주의 경제의 모순을 아주 쉽게 설파했다. 수많은 사회주의자와 공산주의자가 자본주의를 타개하자며 혁명에 불을 붙였다. 1917년 공산주의 혁명을 통해 러시아가 제일 먼저 공산주의 국가 소련으로 탈바꿈했다. 이후 1990년 동독이 서독에 흡수합병되고 그다음 해 1991년 소련이 무너질 때까지 전 세계는 자본주의 대표 미국과 공산주의 대표 소련이라는 동서 냉전체제 아래 놓였다.

20세기 초 '포드주의Fordism'라 불리는 포드자동차의 대량생산 시

---

* 독일어 원제는 『Das Kapital』이다.

컨베이어벨트 생산 시스템의 분업화로 대표되는 포드주의는 대량생산·대량소비로 이어지는 본격적인 자본주의 시대를 연 계기가 됐다.

스템이 견인한 대량생산·대량소비 시대로 접어들면서 자본주의는 본격적으로 궤도에 진입했다. 포드자동차는 1913년 컨베이어벨트 시스템의 분업화에 따른 대량생산 시스템을 도입했다. 그 결과 불과 1년 후인 1914년에는 하루 1,000대 이상 자동차를 조립할 수 있었다. 조립 차대chassis를 조립하는 노동시간이 12시간 28분에서 1시간 33분으로 단축됐기 때문이다. 갑자기 자동차의 생산량이 기하급수적으로 증가했다. 자동차 생산이 급작스럽게 늘게 되니 소비를 조장해야 하는 시점을 맞이했다. '하루 8시간 노동제'와 당시로선 파격적이었던 '하루 5달러의 임금제'가 도입됐다. 헨리 포드는 "조립라인 노동자들은 자신들이 만드는 자동차를 살 수 있는 임금을 받아야 한다"고 언급했다. 하지만 이것은 노동자의 삶의 질을 확보하려는 조치라기보다는 돈과 시간이 있어야 소비가 가능했기에 소비 촉진을 위한 수단이었다.

포드주의는 노동자가 소비자의 역할까지 해야 하는 본격적인 자본주의 체제의 시작을 알렸다. 포드자동차의 대량생산 시스템은 다른 제품의 생산 시스템에도 도입되면서 갑자기 물건이 풍부해졌다. 이에 광고는 더욱 교묘하게 사람의 심성을 건드려 물건을 사게 했다. 당시 시장 경제의 중심이 되기 시작한 학문 중 하나가 산업심리학이었다. 월터 딜 스콧Walter Dill Scott은 1903년『광고의 이론 Theory of Advertising』을 출간했다. 그는 광고와 소비자의 심리를 연구하며 산업심리학의 문을 연 학자로 알려져 있다. 이후 산업심리학은 포드주의와 맞물리며 작업 효율과 노동자 동기를 활발하게 연구했다. 말이 산업심리학이지 어떻게 대량생산 시스템의 반복 노동에서 노동자가 지치지 않고 효율성을 발휘할 것인지에 연구의 초점이 맞춰져 있었다. 이와 더불어 현대적 의미의 광고는 소비자가 된 노동자의 심리를 어떻게 자극해 지갑을 열게 만들지를 궁리하는 게 주 임무였다. 자연히 브랜드의 역할은 대중의 구매욕을 일관적으로 자극하는 일관성을 갖는 것이었다.

포드주의로 촉발한 미국의 대량생산 시스템은 전 세계 경제의 거의 절반을 책임지는 위용을 과시했다. 특히 제1차 세계대전이 일어나자 미국은 군수산업을 통해 흔들리지 않는 세계 1위 경제대국의 반석에 올라섰다. 1920년대 미국엔 넘쳐 나는 돈을 주체하지 못하고 주식시장이 미쳐 돌아가던 집단 유포리아가 넓게 퍼져 있었다. 자본주의 전성시대를 맞이한 것이다.

심판자로 바뀐 소비자가 브랜드의 지속가능 책임을 요구한다

자본주의는 상품의 대량생산과 맞물려 극대의 이윤 추구를 목적

찰리 채플린의 영화 「모던 타임스」는 산업화 시대에 기계화돼 가는 노동자의 모습을 잘 보여 준다.

으로 하는 생태계로서 20세기 초에 일찍이 자리 잡았다. 찰리 채플린이 주연하고 감독한 영화 「모던 타임스」에서 표현한 것처럼 인간이 기계 톱니바퀴에 물려 돌아가는 은유적 상황이 도래한 것이다. 마르크스가 살아 있었다면 "바로 저거야!"라며 무릎을 칠 만한 장면이었다. 특히 20세기의 자본주의는 이처럼 시작부터 몹쓸 것으로 치부됐다. '자본가 = 착취자'라는 공식이 지워지지 않는 낙인처럼 사람들의 머리에 새겨졌다. 착취는 자본가의 역할이었고 이를 뿌리 뽑기 위한 투쟁은 공산주의자의 몫이었다.

공산주의는 이론으로만 가능할 뿐 현실화는 불가능하다는 결론이 난 지금 마르크스가 주창하던 사회 정의를 위한 행동은 누가 담당할 것인가? 자본주의의 총아라 불리며 물신의 경지에까지 오른 브랜드가 그 역할을 담당한다면 믿을 수 있겠는가? 이 책은 이러한 질문, 즉 '자본주의와 브랜드 액티비즘은 공존할 수 있는가?'라는 질문에서 시작됐다. 자본주의는 소비자와 접점에 있는 브랜드를 통해 많은 이익을 창출하고 마르크스가 말하는 잉여가치를 축적하며 자본주의 사회를 더욱 맹렬히 구동하고 있다. 그렇게 자본주의의 앞잡이 노릇을 하는 브랜드가 사회 정의와 지구 환경을 위해서 소셜 액티비스트가 된다는 것이 가당키나 한 일일까? 자가당착, 앞뒤 도착으로 비칠 소지가 충분하다. 그런데 놀랍게도 그런 일이 펼쳐지고 있다.

생산 시스템의 변화와 제품을 바라보는 관점이 달라지면서 브랜드의 역할도 달라졌다. 포드 생산 시스템의 특징인 동일 제품 대량생산의 시대를 넘어 다품종 소량생산으로 제품의 종류가 다양해지면서 선택지가 많아졌다. 그러자 사람들은 소비의 노예에서 소비의 권리를 주장하는 집단으로 바뀌었다. 갑의 입장이던 제조사가 을이었던 소비자의 눈치를 슬슬 보기 시작한 것이다. 품질 관리, 합리적인 가격, 다양한 혜택 등 소비자의 권리를 최우선으로 하는 방침이 도입됐다. 물신의 자본주의는 신도 모집에 더 신중할 수밖에 없게 됐다.

나아가 소비자는 제품의 질이 좋은 것을 넘어서 제품이 옳은 생각을 가지고 있는지를 살펴보기 시작했다. 제품에 대한 선택지가 많아진다는 것은 제품을 판단하는 잣대도 다양해진다는 것을 의미한다. 환경을 비롯한 지구와 인류의 지속가능에 대한 의문이 커지는 현시점에서 지속가능의 잣대는 브랜드에도 적용될 수밖에 없다. 특히 제품의 생산과 소비 모든 과정에서 방대한 탄소가 배출된다는 사실이 널리 인식되면서 제조사들은 친환경 소재 중심의 환

에델만 신뢰도 지표

팬데믹에 대한 브랜드의 대응이 미래 구매에 영향 미칠 것

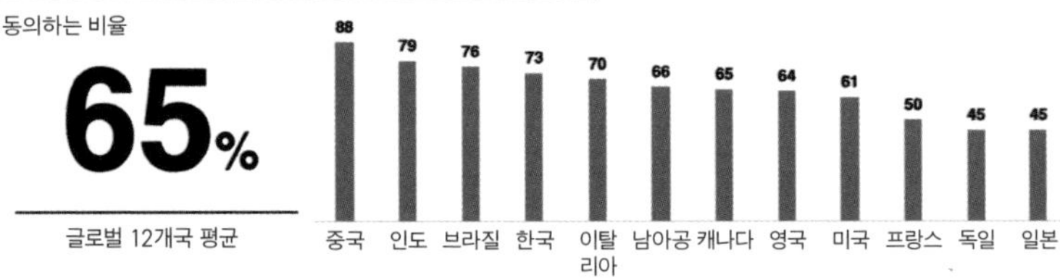

위기에 처한 브랜드 신뢰의 미래

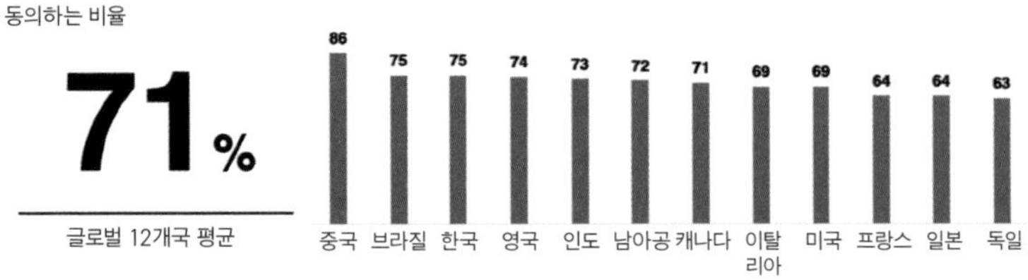

코로나19 시기에 이루어진 에델만 신뢰도 지표 조사 결과(2020년 3월 23~26일). 위기 때 브랜드가 옳은 행동을 통해 소비자와 진정성 있는 관계를 맺지 못하면 평판이 크게 추락할 것이라는 교훈을 얻을 수 있다.

(출처: 에델만)

경보호 정책을 강화하고 소비자들은 의식 있는 소비를 통해 지속 가능성을 실천하는 생태계가 자연스럽게 형성됐다. 또한 코로나19는 브랜드 액티비즘을 선택이 아니라 필수로 만들었다. 과거 페스트나 콜레라가 인류를 죽음으로 몰아넣은 공포의 전염병이었다는 사실을 정보로만 접했다. 그러나 코로나19를 경험하면서 비로소 환경과 보건 문제의 중요성을 몸으로 느끼게 됐다.

코로나19 시기에 사람들은 '위기 속에서 공동체를 위해 무엇을 했는가?'를 기준으로 브랜드를 평가하게 됐다. 결과적으로 인류와 지구의 지속가능성이 브랜드 액티비즘의 핵심 화두로 자리 잡았다. 2020년 '에델만 신뢰도 지표Edelman Trust Barometer' 조사에서 전 세계 소비자의 65%가 "위기 대응을 제대로 하지 못한 브랜드에 대해 향후 구매 의사가 크게 낮아질 수 있다."라고 대답했으며 71%가 "위기 때 사람보다 이윤을 우선하는 브랜드는 영원히 신뢰하지 않겠다."라고 답변한 것을 보더라도 이러한 정황은 잘 드러난다. 브랜드가 말만 내세우지 않고 실제 행동을 통한 소셜 임팩트를 보여줘야 소비자가 그 브랜드를 인정하게 된 것이다.

이러한 배경에서 마침내 현시대 자본주의의 총아인 브랜드는 인류와 지구의 지속가능을 고려해야 하는 시점에까지 다다랐다. 서문에서 말한 '옳은 행동을 통해 선한 영향력을 미치는 브랜드'가 되지 않으면 시장에서 브랜드가 설 입지가 점점 좁아진다. 지속가능한 브랜드가 아니라면 브랜드는 더 이상 지속가능할 수 없는 시대를 맞이했다.

3.
기업 윤리와 브랜드 액티비즘의 시대적 부상

안트러프러너십은 건강한 자본주의 정신을 강조한다

서양에도 돈만 밝히는 기업가들이 많다. 그럼에도 그들의 자본주의는 프로테스탄트 윤리_{Protestant Ethic}에 뿌리내리고 있다. 그 윤리는 문화의 유전자라고 칭하는 밈_{meme}의 형태로 그들의 정신 속에 유전으로 대물림됐다. 기부 문화와 소셜 벤처 문화가 뿌리 깊은 이유이기도 하다. 한국의 자본주의는 천민자본주의라는 명칭으로 오랜 기간 오명을 썼다. 개발 독재 시대에 대한민국의 기업가들은 윤리의식 없이 수단과 방법을 가리지 않고 돈 버는 데만 혈안이 됐던 탓이다. 그들에겐 프로테스탄티즘과 같은 기업 윤리 유전자가 없다. 1세가 없으니 2, 3세에게서도 기대하기 힘들다. '빈곤의 악순환'을 끊어야 하는 것 못지않게 중요한 것이 앞서 언급한 '부의 악순환'을 끊어내는 것이다.

이처럼 프로테스탄트 윤리에 뿌리를 두고 있는 자본주의가 그것이 만개한 시점에 '안트러프러너십'으로 이어진다는 것은 의미심장하다. 프로테스탄티즘과 안트러프러너십은 둘 다 건강한 자본주의 '정신'을 강조하고 공유한다. 한마디로 신성한 노동으로 획득한 부를 신성하게 쓰자는 것이다. 자본주의가 더욱 정교화되고 새로운 형태의 산업이 모습을 드러내면서 기업이 안트러프러너십을 구현하기 위해 해야 할 일들이 많아졌다. 더욱이 오늘날 인공지능의 발달은 이전에는 상상조차 할 수 없던 새로운 형태의 제품과 서비스를 만들어내는 데 결정적 역할을 하고 있다. 그만큼 안트러프러너십의 중요성은 더욱 커지고 있다.

인공지능을 정교하게 다루는 빅테크 기업들은 이제 천문학적 규모의 이익을 창출할 수 있는 시대에 들어섰다. 그 결과 우리는 새로운 형태의 디지털 부익부 빈익빈에 직면하게 될 것이다. '마가MAGA'라 불리는 마이크로소프트, 애플, 구글, 아마존과 메타, 엔비디아, 테슬라, 오픈AI, 팔란티어 등의 빅테크 기업들은 24시간 쉬지 않고 일하는 인공지능 덕분에 상상을 초월하는 수준의 잉여가치를 축적하고 있다. 이제 이들은 그 막대한 부를 어떻게 사회와 올바르고 공정하게 나눌 것인지를 진지하게 고민해야 한다. 이는 곧 브랜드 액티비즘이 새로운 시대적 맥락에서 맞닥뜨리는 근본적인 질문이 될 것이다.

브랜드 액티비즘은 지속가능 시대의 핵심 솔루션이다

'품질 좋은 제품과 서비스를 생산하고 그 이윤을 재투자해 일자리를 창출하고 가정과 기업과 국가의 경제적 기반을 안정적으로 마련해야 한다.'는 오래된 윤리는 이제 기본이다. 그 이상을 해야 한다. 그 이상은 무엇일까? 기업이 사회 문제를 해결하기 위해 앞장서야 한다는 것이다. 그 사회 문제란 주로 인간이 저지른 환경 문제를 필두로 글로벌 사우스라 칭하는 저개발 국가에 여전히 만연한 열악한 보건, 가난 등의 문제와 선진국에서도 문제 되고 있는 젠더 갈등, 빈부격차, 인종차별, 거버넌스의 투명성 등이 해당된다. 그리고 이 문제들은 기업의 사회적 책임CSR 차원에서 그리고 최근 몇 년 동안에 급부상한 ESG 차원에서 다뤄져 왔다.

우리가 눈여겨볼 점은 이러한 활동이 기업에서 브랜드로 사회적 책임이 구체화되면서 더욱 창의적인 방향으로 진화하고 있다는 점이다. 브랜드는 개개인이 일상에서 만나는 구체적인 실체이다. 브랜드가 사회 문제를 해결하는 인플루언서가 된다면 일상에 젖어들어 영향을 미치는 데 더욱 효과적일 수 있다. 우리는 삼성이란 기업을 알고 있지만 우리가 일상에서 마주하는 것은 삼성이 만든 모바일폰, TV, 냉장고, 아파트 같은 브랜드다. 애플 역시 마찬가지다. 우리는 아이폰, 맥북, 아이패드 등 애플이 만든 브랜드 생태계에서 살고 있다. 확대 과장해 말하면 애플의 브랜드가 만들어낸 공화국의 시민으로 살고 있다는 생각이 들기도 한다. 우리는 러닝화를 신는 것이 아니라 나이키가 설계한 '승리와 도전의 서사'를 발에 장

유권자들이 지지하는 기후 정책

한국 유권자들이 지지하는 기후 정책 1위는 '신규 내연차 판매 중단'이다. 이런 결과는 전기차를 권장하는 정책을 입안하도록 강하게 압박할 수 있다. 앞으로 기후 유권자의 정치권 압박은 더욱 거세질 것이다.
(출처: 한겨레신문, 2024. 03. 20.)

착한다. 전기차를 구매하는 것이 아니라 테슬라의 기후 기술의 혁신을 구매한다. 테슬라의 구매자가 늘어난다는 것은 기후 유권자의 부상을 의미한다. 이처럼 브랜드는 일종의 신화 생산자이자 의미 창조자이며 소비자는 그 의미를 매개로 정체성을 표현한다. 이제 브랜드가 '무엇을 파는가?'보다 '무엇을 믿는가?'를 말해야 하는 존재가 된 시대에 브랜드는 의미가 깊어지고 인플루언서가 됐다. 브랜드 입장에서 지속가능한 사회를 위한 목소리를 높이고 구체적인 솔루션을 개발하는 상황이 대규모로 전개되고 있다. 브랜드가 엄청난 영향력을 행사하기 때문이다. 이처럼 브랜드가 사회 정의와 지구 환경을 위해 입 다물지 않고 행동에 나서는 것이 '브랜드 액티비즘'이다. 브랜드 액티비즘은 지속가능이 화두인 이 시대의 핵심 솔루션이 되고 있다.

4.
브랜드 액티비즘의 정의, 매니페스토, 프레임워크

브랜드 액티비즘은 사회변화에 영향을 미치려는 의지다

브랜드 액티비즘이라는 개념은 최근에 비로소 정립된 듯 보이지만 그 뿌리는 이미 수십 년 전부터 형성돼 왔다. 브랜드 액티비즘의 씨앗은 사실 사회운동에서 먼저 싹텄다. 1960~1970년대 담배 규제, 환경운동, 남아공의 인종 격리 정책인 아파르트헤이트Apartheid에 대한 국제적 불매운동은 본질적으로 시민 주도 운동이었다. 그러나 그 과정에서 기업과 브랜드가 정치·사회 문제에서 자유로울 수 없다는 사실이 드러났다. 즉 브랜드가 스스로 목소리를 낸 것은 아니었지만 사회운동이 브랜드를 불러내 입장을 강요한 사례라 할 수 있다.

바클레이스 은행의 남아프리카공화국 철수를 촉구하는 영국의 시민운동. 수천 명의 학생들이 바클레이스를 보이콧하는 것으로 시작된 이 운동은 이후 종교 단체, 지방 정부, 개인 고객들이 바클레이스와 거래를 끊고 계좌를 폐쇄하며 강하게 압박했다.

1960년대 후반 영국 대학생들과 시민단체들은 바클레이스 은행 Barclays Bank이 남아공 정부에 막대한 규모의 자금을 대출하고 남아공 최대 은행 중 하나의 지분을 보유한 사실을 비판하며 전국적 불매운동을 전개했다. 수많은 대학 캠퍼스가 바클레이스 지점을 폐쇄하거나 계좌를 이전했다. 바클레이스는 지속적 압력과 평판 손상을 견디지 못하고 마침내 남아공 사업 철수를 공식 발표했다. 이후 1990년대에 나이키가 아시아 하청공장에서의 아동노동 착취 논란에 직면하면서 노동권 문제에 적극적으로 대응해야 했다. 이는 브랜드가 사회 문제에 관여하지 않을 수 없음을 보여준 대표적 사례다. 기업들은 사회 문제와 연대함으로써 강력한 영향력을 가질 수 있다는 점을 인식하기 시작한 것이다.

그러나 지금 우리가 말하는 브랜드 액티비즘이라는 용어와 개념이 본격적으로 활용된 것은 2010년대 이후다. 소셜미디어의 확산으로 소비자들은 기업에 점점 더 분명한 사회적 입장을 요구했다. 2012년 스타벅스와 아마존이 동성결혼 합법화 지지를 선언했고 2018년 나이키가 콜린 캐퍼닉Colin Kaepernick과 함께 인종차별 문제에 목소리를 낸 사건들이 그 전환점이 됐다.

그리고 2018년에 필립 코틀러Philip Kotler와 크리스천 사르카르Christian Sarkar가 공저 『브랜드 액티비즘: 목적에서 행동으로Brand Activism: From Purpose to Action』에서 학문적으로 개념을 정립하면서 브랜드 액티비즘은 하나의 시대적 흐름으로 자리 잡았다. 2020년대에 들어 기후위기, 블랙 라이브스 매터Black Lives Matter(흑인 목숨도 소중하다는 뜻), 미투MeToo와 같은 사회운동이 세계적으로 확산하면서 브랜드 액티비즘은 단순한 마케팅이나 이미지 제고 수단을 넘어 기업의 정체성과 생존 전략의 중심으로 이동했다. 즉 기업이 사회 문제에 개입하는 행위 자체는 반세기 전부터 존재했지만 오늘날과 같은 체계적 개념과 실천적 전략으로 발전한 것은 2018년 이후라 할 수 있다.

오늘날 브랜드의 역할은 크게 변화하고 있다. 기업들은 점점 더 사회, 환경, 정치 문제에 대해 명확한 입장을 취하고 있고 브랜드는 특정한 사회 문제에 목소리를 내고 있다. 이것이 현대 기업 행동의 중요한 특징으로 자리 잡으면서 브랜드 액티비즘이란 새로운 물결을 형성했다. 코틀러와 사르카르는 '브랜드 액티비즘이란 기업이 단순히 제품이나 서비스를 제공하는 것을 넘어 더 큰 사회적 책임을 지고 사회 변화에 직접적인 영향을 미치고자 하는 의지를 뜻한다.'라고 정의한다.

코틀러와 사르카르는 또한 브랜드 액티비즘은 모두를 위한 정의Justice for All를 실현하기 위한 기업의 헌신Commitment을 포함하며 "정의는 기업의 미래를 대비하는 전략이 된다."라고 설명한다. 즉 브랜드 액티비즘의 핵심 목표는 사회 변화를 이끄는 것뿐만 아니라 브랜드가 이윤 추구를 넘어서 가치를 지니기를 기대하는 소비자들과 공감대를 형성하며 이를 바탕으로 미래를 대비한다는 것이다. 실제로 브랜드의 사회 문제에 대한 입장과 고객 충성도 간에는 강한 상관관계가 존재한다. 이처럼 브랜드 액티비즘은 브랜드와 소비자가 '사회의 선한 목적Social Good Cause'을 이루기 위해 함께 이끌고 참여하고 피드백하는 공생관계이어야 함을 주장한다.

브랜드 액티비즘은 5가지 원칙으로 구현된다

브랜드 액티비즘은 기업이 스스로의 철학과 운영 방식을 근본적으로 바꾸어 사회적 가치와 기업 활동이 분리되지 않도록 만드는 과정이다. 따라서 브랜드 액티비즘은 일시적인 캠페인으로 실현되지 않으며 그 자체로 하나의 브랜드가 추구하는 '매니페스토'가 돼야 한다. 다음은 기업이 브랜드 액티비즘을 구현하기 위해 반드시 실천해야 할 5가지 원칙이다.

원칙 1은 투명성Transparency이다. 브랜드는 자신의 입장과 행동을 숨김없이 공개해야 한다. 불편한 진실을 외면하거나 의도적으로 흐리면 그 순간 브랜드는 신뢰를 잃는다. 이제 소비자는 제품을 소비한다는 것을 기업의 태도와 철학을 소비하는 것으로 받아들인다. 따라서 브랜드가 내세우는 가치와 실제 경영 사이에 괴리가 없어야 하며 모든 과정이 투명하게 드러나야 한다.

원칙 2는 지속성Consistency이다. 브랜드 액티비즘은 단발성 캠페인으로 그쳐서는 안 된다. 특정 시기에 주목받기 위해 내놓은 선언은 금세 사라지고 남는 것은 '진정성 없는 이벤트'라는 오명뿐이다. 브랜드가 사회적 가치를 실천한다는 것은 기업 운영 전반에 걸쳐 장기적으로 일관되게 이어져야 한다. 이때 비로소 브랜드는 신뢰할 수 있는 변화의 주체로 인정받는다.

원칙 3은 공동 창출Co-Creation이다. 브랜드의 목소리는 소비자, 직원, 지역사회와 협력할 때 힘을 가진다. 일방적인 메시지가 아니라 다양한 이해관계자와 함께 만들어내는 목소리만이 진정한 공감을 얻을 수 있다. 브랜드 액티비즘은 '위에서 내려오는' 캠페인이 아니라 '함께 만들어가는' 사회적 실천이어야 하며 그 과정에서 공동체적 가치가 강화된다.

원칙 4는 책임성Accountability이다. 브랜드가 제시한 약속과 실제 행동 사이의 간극은 가장 큰 위기를 불러온다. 예컨대 어떤 기업이 '다양성과 포용성'을 강조하면서 광고에서 소수자와 여성 인재를 전면에 내세운다고 하자. 그런데 실제 내부 조직에서는 여성 리더십이 거의 없거나 임금 격차가 심각하다면 이는 곧바로 책임성 부족으로 비판받는다. 또 '공정 무역'을 약속한 브랜드가 공급망에서 아동노동이나 열악한 작업 환경이 드러난다면 소비자는 단순한 실수로 보지 않고 기업이 책임을 다하지 않았다고 여긴다. 따라서 기업은 자신이 내세운 가치에 걸맞은 시스템과 제도를 구축하고 그 결과를 외부와 공유할 책임이 있다. 말과 행동이 일치할 때만 브랜드는 소비자와 사회의 신뢰를 얻을 수 있다.

원칙 5는 용기Courage다. 브랜드 액티비즘은 필연적으로 대립과 위험을 수반한다. 진정한 용기는 갈등을 피하는 것이 아니라 정의로운 방향에 서기를 선택하는 것이다. 브랜드가 감수하는 위험은 결국 더 나은 사회를 위한 투자다. 이 용기를 통해 브랜드는 시장의 주체를 넘어 시대적 변화를 이끄는 행위자가 된다.

이 5가지 원칙은 브랜드 액티비즘이 마케팅 수사에 그치지 않을 수 있는 최소한의 조건이다. 투명성과 지속성을 통해 신뢰를 확보하고, 공동 창출을 통해 사회적 기반을 넓히고, 책임성을 통해 말과 행동을 일치시키고, 마지막으로 용기를 통해 새로운 변화를 감당하는 것이 오늘날 브랜드 액티비즘이 실천해야 할 매니페스토다.

브랜드 액티비즘은 체계적 프레임워크를 통해 실행된다

브랜드 액티비즘을 효과적으로 수행하기 위해서는 기업의 입장이 미칠 잠재적 영향을 평가할 수 있는 체계적인 프레임워크를 활용해야 한다. 이 프레임워크에는 이해관계자 분석, 위험 평가, 브랜드 가치와의 연계성, 영향력 측정이 포함된다.

이해관계자 분석Stakeholder Analysis은 브랜드가 고려해야 할 주요 이해관계자인 고객, 직원, 투자자 등의 관점과 가치를 파악하는 과정이다. 이해관계자들의 기대와 우려를 고려함으로써 더 정교하고 신중하게 브랜드 액티비즘 전략을 구축할 수 있다.

위험 평가Risk Assessment는 특정 문제에 대한 공개적인 입장을 취함으로써 발생할 수 있는 위험인 소비자 반발, 불매 운동, 평판 손상 등을 사전에 분석하는 과정이다. 이를 통해 기업은 위험을 최소화하고 위기 대응 전략을 마련할 수 있다.

브랜드 가치와의 연계성Alignment with Brand Values은 기업이 추진하려는 브랜드 액티비즘이 자사의 핵심 가치와 장기적인 전략에 부합하는지를 검토하는 과정이다. 기업의 정체성과 일관되지 않은 브랜드 액티비즘은 소비자에게 부정적인 반응을 일으킬 수 있다. 기업이 진정성을 유지하는 것이 중요하다.

영향 측정Impact Measurement은 브랜드 액티비즘의 효과를 평가하기 위한 지표를 개발하고 프로젝트 실행 후 측정하는 과정이다. 브랜드 충성도 증가, 소비자 신뢰 향상, 긍정적인 사회적 영향과 같은 기대하는 결과를 모델링하고 실행 후 이를 실질적으로 평가한다.

기업은 이러한 프레임워크를 활용함으로써 액티비즘 활동의 위험과 보상을 균형 있게 조율하고 보다 전략적이고 신중하게 의사결정을 내릴 수 있다. 또한 이러한 프레임워크를 통해 마케팅 차원을 넘어 사회 변화를 이끌면서도 브랜드의 신뢰성과 진정성을 유지할 수 있는 기반을 마련하고 브랜드 액티비즘의 이점을 극대화할 수 있다.

피앤지P&G의 인종 및 성소수자 편견 해소 캠페인 "차별을 말해야 하는 순간The Talk"(2017년), "보이지 않는 편견의 시선The Look"(2019년), "두려움으로 멈칫하는 순간The Pause"(2021년)은 이러한 4단계 프레임워크를 잘 적용한 성공 사례다. 이 캠페인의 수행 과정은 다음과 같다.

먼저 이해관계자 분석이다. 흑인 커뮤니티의 실제 경험을 수년간 조사하고 인터뷰했다. 또한 내부 직원 커뮤니티Employee Resource Groups와 협력해 문제를 직접 경험한 직원들에게 검증받는 과정을 거쳤다. 피앤지 내부의 여러 내부 직원 커뮤니티 중 '흑인 직원 네트워크AALN, African Ancestry Leadership Network'가 핵심 자문 그룹이었다.

두 번째 위험 평가를 했다. 인종 문제는 브랜드 리스크가 매우 높다. 따라서 반발 가능성을 사전에 분석하고 '대화 구조'를 중심으로 캠페인을 구성했다. '대화 구조'란 문제를 규탄하거나 선언하는 방식이 아니라 시민들이 서로 대화하고 이해하도록 설계된 커뮤니케이션 구조를 말한다. 즉 브랜드가 정답을 강요하는 것이 아니라 사회 문제에 대해 '대화를 열어주는 역할'을 수행하도록 카피·영상·스토리텔링을 구성한 방식이다.

세 번째 브랜드 가치 연계다. 피앤지의 기업 모토인 "선한 영향력과 성장A Force for Good, A Force for Growth"과 명확히 일치했다. '가족과 일상의 신뢰'라는 브랜드 정체성과 사회 메시지가 자연스럽게 연결됐다.

편견에 대해 이야기하기(#talkaboutbias)를 핵심 콘셉트로 활용한 피앤지의 캠페인은 흑인 부모들이 자녀들과 나누는 편견과 차별에 대한 대화를 보여주며 이를 당당하게 극복할 것을 자연스럽게 전달한다.

마지막은 영향 측정이다. 에미상(2018년)과 칸 라이언즈 필름 부문 그랑프리(2018년)를 받았다. 캠페인 도달률 분석해보면 온라인과 소셜미디어 조회수 1,500만 회 이상, 피앤지와 관련 소셜 플랫폼 노출 2,360만 회 이상, 총 미디어 노출 20억 회 이상이 됐다. 그럼으로써 브랜드 호감도 상승했고 DEI(다양성·형평성·포용성) 평가도 상승했다. 사회적 담론 형성에 기여했다.

5.
CSR과 브랜드 액티비즘의 차이점

특정 사회, 정치, 환경 문제에 적극적으로 개입한다

기업의 사회적 책임CSR이 브랜드 액티비즘의 뿌리라 할 정도로 두 활동은 유사점이 많다. 유사점의 핵심은 기업이 이윤 창출을 넘어 사회에 긍정적 영향을 미쳐야 한다는 철학이다. 사회적 가치 창출을 통해 궁극적으로는 신뢰, 진정성, 투명성의 기업 평판을 자산화하는 것이다. 그러나 둘 사이엔 분명한 차이점이 있다.

첫째, 브랜드 액티비즘은 특정 사회, 정치, 환경 문제에 적극적으로 개입하고 옹호하는 활동을 포함한다. 기업의 사회적 책임CSR은 일반적으로 자선 활동, 윤리적 노동 관행, 지속가능성 이니셔티브 등 사회에 긍정적인 영향을 주는 기업의 활동을 말한다. 따라서 기업의 사회적 책임CSR은 기존 비즈니스 프레임워크 내에서 부정적인 영향을 최소화하고 긍정적인 기여를 촉진하는 데 초점을 맞추며 기업 전략을 보완하는 정책으로 운영된다. 그에 비해 브랜드 액티비즘은 기업이 논란이 될 수 있는 문제에 관한 입장을 명확히 하고 사회 전반에 영향을 미치는 다양한 가치에 더 적극적이고 진정성 있는 참여를 시도한다. 그리고 이를 기업의 핵심 비즈니스 전략에 통합한다. 가치 중심의 기업이 된다는 것은 말뿐만이 아니라 구체적인 행동을 통해 진정성을 입증하는 것을 의미한다.

사회 변화를 촉진하고 구조적 문제를 해결하려 한다

둘째, 기업의 사회적 책임CSR은 일반적으로 공익을 위한 이타적인 의도와 함께 기업 이미지 개선, 규정 준수, 고객 만족과 같은 비즈니스적 이점을 고려하여 추진된다. 이러한 활동들은 대체로 현상 유지를 해치지 않는 범위 내에서 '선한 영향력'을 행사하는 노력으로 인식된다. 급진적인 변화를 추구하기보다는 현재의 체제 내에서 가능한 최선의 기여를 하려는 접근 방식이다. 이를 통해 기업은 사회적 책임을 다하면서도 안정적으로 비즈니스를 운영할 수 있다. 반면 브랜드 액티비즘은 사회 변화를 촉진하고 구조적 문제를 해결하려는 강한 의지에서 비롯된다. 이는 기부나 봉사 같은 일차원적 지속가능성 프로젝트를 넘어선다. 기업이 특정한 사회적 가치와 명확히 연대하고 이해관계자들의 가치와도 조화를 이루는 깊이 있는 참여를 요구한다. 즉 기업이 단순히 좋은 일을 한다는 것을 보여

주는 것이 아니라 자신의 영향력을 활용해 중요한 변화를 끌어내
고 공공의 이익을 위해 적극적으로 목소리를 내는 것이다.

특정 사회 문제에 지지 또는 반대를 명확히 한다

셋째, 기업의 사회적 책임CSR은 자선 기부, 자원봉사, 탄소 발자
국 줄이기 노력 등 윤리적 경영을 실천하고 지역사회의 긍정적인
영향을 증진하기 위해 고안된 광범위한 활동을 포괄한다. 한마디
로 기업이 윤리적 원칙을 준수하고 있다는 사실을 보여줌으로써
기업 이미지를 향상하기 위한 PR 전략의 일부다. 이와는 대조적으
로 브랜드 액티비즘은 보다 집중적이고 목표 지향적인 활동으로서
특정 사회 문제에 대한 지지 또는 반대를 명확히 표명하는 것이 핵
심이다. 예를 들어 인종 평등, 성소수자LGBTQ+ 권리, 환경보호, 정
치 개혁과 같은 주제에 대해 브랜드가 의도적으로 행동을 취하는
것이다. 이처럼 브랜드 액티비즘은 본질적으로 논쟁적인 문제에
대해 어느 한 편을 들어야 하는 경우가 많기 때문에 더 대립적이고
그로 인해 위험을 감수해야 하는 경우가 많다. 이러한 브랜드 액티
비즘의 과감하고 대립적인 입장은 기업의 정체성과 이미지에도 직
결된다. 기업은 브랜드 액티비즘을 통해 소비자의 인식과 행동에
큰 영향을 미칠 수 있기에 가치관이 일치하는 소비자들의 충성도
와 브랜드 옹호를 강화하는 효과를 볼 수 있다. 반면 일부 소비자
층의 갈등이나 이탈을 가져올 위험도 존재한다.

CSR vs 브랜드 액티비즘 비교

	CSR	브랜드 액티비즘
철학적 출발점	기업은 사회에 긍정적 영향을 미쳐야 한다	기업은 사회 문제에 대해 입장을 취해야 한다
목표	사회적 가치 창출 + 기업 평판 제고	사회 변화 촉진 + 브랜드 정체성 강화
핵심 성격	이타적 기여 중심	가치 기반 옹호Advocacy 중심
접근 방식	기존 비즈니스 프레임워크 내에서 운영	기존 프레임워크를 재정의하거나 도전
주요 활동 예	기부, 자원봉사, 윤리경영, 지속가능성 프로그램	인종, 평등, 환경, 성소수자, 정치·사회 문제에 대한 공개적 입장
논쟁성	낮음(사회적 합의 영역 중심)	높음(논쟁적 또는 분열적 정치·사회 문제 포함)
위험 감수 수준	낮음	높음(소비자 반발 또는 이탈 가능성 존재)
기업 미션과의 관계	핵심 미션과 분리해 병행 운영	기업 정체성과 미션의 중심에 위치
비즈니스 전략과의 관계	전략을 보완하는 정책적 역할	핵심 비즈니스 전략에 통합
운영 목적	사회 환원 + 규정 준수 + 이미지 개선	사회 문제 해결을 위한 실질적 영향력 행사
성과 지표	이미지, 신뢰도, 규정 준수	브랜드 충성도, 브랜드 자산, 행동 변화
대표적 위험	형식주의, 보여주기식 활동	그린워싱, 레인보우워싱 등 진정성 훼손
성공의 핵심 조건	지속성, 안정성	진정성, 일관성, 행동의 일치
사회적 인식	"좋은 일을 하는 기업"	"가치를 위해 위험을 감수하는 기업"

사회 문제에 대한 진정한 헌신으로 인식된다

넷째, 기업의 사회적 책임CSR은 기업의 핵심 미션과는 분리되며 주요 비즈니스 활동과 병행 운영된다. 대체로 기업의 사회적 책임CSR은 기업이 사회로부터 이득을 얻었으니 그 일부를 사회에 환원하는 방식으로 인식된다. 반면 브랜드 액티비즘은 기업의 정체성과 사명의 중심에 있다. 제품 개발부터 마케팅, 운영, 기업 거버넌스까지 모든 비즈니스 영역에서 깊숙이 통합된다는 점에서 기업의 사회적 책임CSR과 큰 차별점을 갖는다. 그러므로 브랜드 액티비즘은 사회 문제에 대한 기업의 진정한 헌신Commitment으로 인식된다. 이러한 헌신을 하기 위해서는 기업의 진정성과 일관성이 필수다. 따라서 브랜드 액티비즘은 성공하면 소비자 충성도와 브랜드 자산Brand Equity을 강화할 수 있지만 진정성이 부족하거나 기회주의적으로 보일 경우 반발을 불러올 위험도 존재한다. 환경을 위하는 척하지만 실제로는 기존 관행을 유지하는 그린워싱Green-washing과 성소수자 권리를 지지하는 듯한 마케팅만 내세우는 레인보우워싱Rainbow-washing이 대표적 사례다. 진정성이 결여된 이러한 행위는 소비자의 신뢰를 빠르게 무너뜨리고 오히려 브랜드의 평판을 장기적으로 훼손하는 역효과를 불러온다.

정리하면 기업의 사회적 책임CSR은 기업이 환원을 통해 전반적인 사회적 책임을 다하는 방식으로 작용한다. 반면 브랜드 액티비즘은 특정 문제에 대한 명확한 입장을 취함으로써 더 강력하고 직접적으로 사회에 영향을 미치고자 하는 전략적 접근이다. 따라서 브랜드 액티비즘을 실현하려는 기업은 기업의 비전을 그에 맞춰 철저히 바꿔야 할 운명에 놓여 있다. 기업은 브랜드 액티비즘이라는 매니페스토를 잘 구현하는 방향으로 철학과 운영 방식을 조정해야 한다.

6.
정의는 브랜드 액티비즘의 핵심 가치

브랜드 액티비즘은 정의를 위해 행동하는 기업전략이다

코틀러와 사르카르는 '선한 영향력을 발휘하는 비즈니스Business as a Force for Good' 프레임워크를 제시했다. 그들은 기업의 사회적 책임CSR 활동을 내부적 영향과 외부적 영향이라는 두 축을 기준으로 4개 유형으로 분류한다. 내부적 영향은 기업의 내부 시스템과 운영 방식을 개선하는 내부 활동에 초점을 둔다. 예를 들어 윤리적인 공급망 구축, 지속가능성 추구, 노동자 권리 보장, 소비자 가치 증진 등 기업이 스스로를 책임 있게 운영하는 수준을 의미한다. 외부적 영향은 기업이 사회, 정치, 환경 문제의 해결에 나서며 더 넓은 사회 변화를 끌어내는 힘을 뜻한다. 이를 통해 세상을 긍정적으로 변

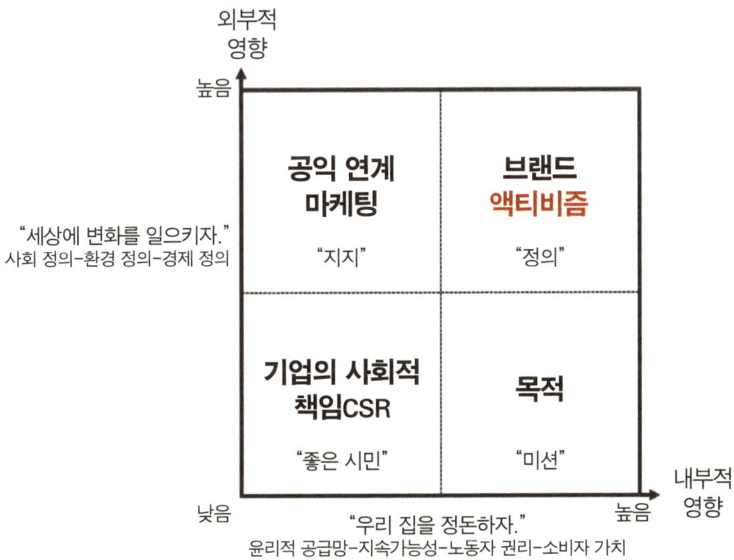

(출처: 필립 코틀러 · 크리스천 사르카르, 2018, 브랜드 액티비즘: 목적에서 행동으로)

화시키는 것이 목적이다. 이 두 축을 기준으로 기업의 역할은 다음과 같이 4개 유형으로 구분된다.

'기업의 사회적 책임CSR'은 내부적 영향과 외부적 영향이 모두 낮은 단계다. 기업이 법적 윤리적 책임을 다하며 좋은 시민Good Citizen의 역할을 하는 전통적인 활동을 말한다. 그리고 '목적Purpose'은 미션Mission에 초점을 맞춘다. 내부적 영향은 높지만 사회적 목소리는 낮은 단계다. '우리 집을 정돈하자get our house in order.'는 슬로건처럼 "세상을 바꾸기 전에 우리 브랜드의 시스템, 가치, 문화를 먼저 정비하자."라는 자기성찰적 자세를 강조하며 기업의 내부적 미션과 윤리경영에 집중한다. '공익 연계 마케팅Cause Marketing'은 내부적 영향은 낮지만 외부적 영향은 높은 단계다. 기업이 특정 사회 문제에 대해 지지Advocacy를 표명하지만 실제로는 내부 경영 방식의 변화보다 외부로 드러나는 마케팅 활동에 중점을 둔다.

'브랜드 액티비즘'은 내부적 영향과 외부적 영향이 모두 높은 단계다. 브랜드의 역할과는 거리가 멀어 보이는 정의Justice라는 단어가 키워드로 등장한다. 기업이 사회 정의와 환경 정의와 같은 주요 정치 사회 문제에 대해 명확한 입장을 밝히고 적극적인 행동을 통해 세상의 변화를 주도하는 전략적 접근 방식이다. 이 단계는 기업이 단순히 좋은 의도를 표명하는 것을 넘어 실제로 행동하는 데까지 나아가야 한다. 궁극적으로 기업은 내부적 책임과 외부적 옹호가 조화를 이룰 때 가장 진정성 있고 지속가능한 브랜드 액티비즘을 구현할 수 있다. 브랜드 액티비즘은 이처럼 기업이 사회 문제와 상호작용을 하는 방식의 변화를 통해 발전한다. 기업은 자신의 가치를 경영 전반과 대외 이미지에 깊이 통합시키며 이를 통해 사회 문제에 대한 수동적 참여자에서 체계적 변화를 위한 적극적 옹호자로 변모해야 한다. 코틀러는 이에 대해 "아무것도 하지 않는 위험이 입장을 표명하는 위험보다 훨씬 크다."라고 강조한다.

브랜드 액티비즘 초창기의 대표적 사례는 1980년대 더바디샵The Body Shop의 동물 실험 반대 캠페인이다. 이 캠페인은 대중 인식 제고, 청원 활동, 동물 권리 단체와의 협력, 동물 실험을 배제한 제품 생산 등을 통해 화장품 산업에서 동물 실험 종식을 강력히 추진했다. 소비자 교육, 수백만 명의 서명 확보, 입법 촉진을 통해 여론과

더바디샵의 동물 실험 반대 캠페인은 '화장품 동물 실험 금지 법안' 통과에 기여했다.

업계 관행에 큰 영향을 미친 결과 유럽연합EU의 '화장품 동물 실험 금지 법안EC Regulation 1223/2009 on cosmetics' 통과에 크게 기여했다. 이 캠페인을 통해 더바디샵은 윤리적 뷰티 브랜드의 선두 주자로 자리매김했으며 업계의 윤리적 기준과 소비자의 기대치를 변화시키는 결정적 계기가 됐다. 이후 많은 브랜드가 기후변화, 젠더 평등, 사회 정의와 같은 문제를 다루며 브랜드 액티비즘을 실천하고 있다.

그러나 브랜드 액티비즘이 본격적으로 기업 전략의 한 형태로 자리 잡은 것은 인터넷과 소셜미디어의 등장 이후라 할 수 있다. 디지털 시대는 소비자와 인플루언서가 내는 비판의 목소리를 증폭하면서 기업이 자신의 무책임과 무행동에 대해 실시간으로 책임져야 하는 환경을 조성했다. 이러한 맥락에서 코틀러와 사르카르는 소셜 마케팅Social Marketing이 브랜드 액티비즘의 핵심 요소이며 이를 통해 기업이 세계의 여러 시급한 문제 해결에 기여할 수 있다고 주장한다. 실제로 트위터(현 X), 페이스북, 인스타그램과 같은 소셜미디어 플랫폼이 부상하면서 기업은 수백만 명의 소비자와 직접 소통하며 자신의 가치관과 입장을 더 효과적으로 전달할 수 있는 환경을 갖추게 됐다. 이러한 직접적인 소통 방식을 통해 기업들은

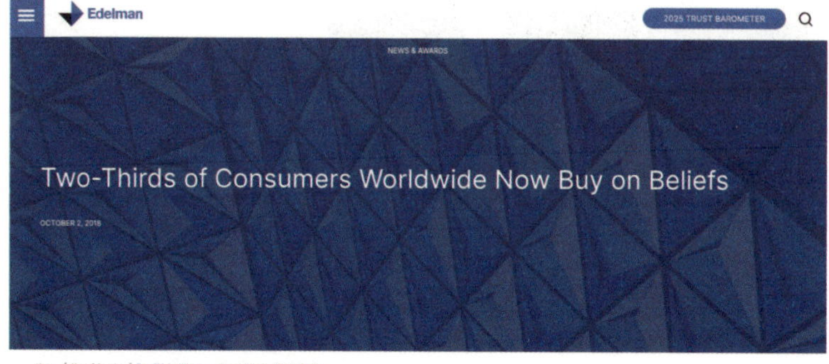

에델만에 따르면 전 세계 소비자의 64%가 브랜드의 사회적 또는 정치적 입장에 따라 구매 결정을 내리는 것으로 나타났다.

(출처: Edelman, 2018.10.02, Two-Thirds of Consumers Worldwide Now Buy on Beliefs)

사회 문제에 더욱 기민하게 대응하게 되면서 보다 강한 책임감으로 사회 문제에 참여하는 시대를 여는 계기가 됐다.

소셜미디어를 통해 소비자 또한 그 어느 때보다도 더 많은 정보를 접하면서 사회 문제에 대한 인식이 높아졌다. 따라서 소비자는 기업이 자신의 가치를 반영하고 더 큰 공익에 기여하기를 기대한다. 글로벌 마케팅 컨설팅 기업인 에델만Edelman의 연구에 따르면 전 세계 소비자의 64%가 브랜드의 사회적 또는 정치적 입장에 따라 구매 결정을 내리는 것으로 나타났다. 이러한 소비자 행동의 변화는 브랜드 액티비즘의 중요성이 점점 커지고 있음을 시사한다.

또한 브랜드 액티비즘은 직원 참여와 인재 확보에도 큰 영향을 미친다. 특히 젊은 세대는 점점 더 자신과 가치관이 일치하는 기업에서 일하기를 원한다. 그러므로 사회적 책임을 다하고 긍정적인 변화를 추구하는 브랜드를 키운 기업은 우수한 인재를 유치하고 유지할 가능성이 더 높다.

더 넓은 사회적 맥락에서 브랜드 액티비즘은 공적 담론을 형성하고 사회 변화를 촉진하는 데 중요한 역할을 한다. 기업은 자신의 플랫폼과 자원을 활용하여 개인이나 소규모 조직이 할 수 없는 방식으로 중요한 문제를 부각하거나 행동을 유도하는 등 변화를 촉진할 수 있는 영향력이 있다. 나이키의 '드림 크레이지Dream Crazy' 캠페인이 좋은 사례다. 그러나 이러한 영향력에는 막중한 책임이 따른다. 그러므로 브랜드는 노이즈를 일으킬 수 있는 활동을 진정성 있게 윤리적으로 다뤄야 하며 자신이 표방하는 가치와 일치하는 행동을 통해 궁극적으로 의미 있는 발전에 기여해야 한다.

나이키는 위험을 무릅쓰고 '드림 크레이지' 캠페인을 이끌었다

브랜드 차원에서 사회운동을 주도한 대표적 브랜드로 나이키를 언급할 수 있다. 나이키의 2018년 '드림 크레이지' 캠페인이 어쩌면 브랜드 액티비즘이란 용어를 잉태시켰다고도 볼 수 있다. 미국 샌프란시스코의 프로 미식축구팀 포티나이너스49ers의 선수 콜린 캐퍼닉Colin Kaepernick은 2016년 미국 흑인 남성에 가한 경찰의 가혹 행위에 항의하는 표시로 경기 시작 전 국가 연주가 울려 퍼질 때 기립을 거부하고 무릎을 꿇었다. 경찰의 폭력에 대한 캐퍼닉의 이러한 행동은 소속 팀과 전미풋볼협회NFL를 넘어 프로 야구와 프로 농구로 확산됐으며 백인 선수와 팀 관계자들도 시위에 동참했다. 그러나 이듬해인 2017년 자유계약선수가 된 캐퍼닉은 그를 원하는 팀이 없어 선수 생활을 중단해야 했다. 극보수주의자 트럼프가 통치하던 시절이었다. '갓 블레스 아메리카God bless America'로 상징되는 조국에 대한 불경죄는 수많은 극우주의자의 분노를 샀기에 어느 팀에서도 그의 영입으로 인한 정치적 분란에 휩싸이는 것을 원하지 않았기 때문이다.

그러나 나이키는 용감하게 2018년에 공개한 광고에 캐퍼닉을 주인공으로 발탁했다. 그것도 나이키의 30주년 기념 광고였다. '드림 크레이지'라는 타이틀의 광고 영상을 통해 나이키는 충분히 예상되는 정치적 논쟁을 감수하면서도 '옳다고 믿는다면 너의 모든 것을 바쳐라Believe in something. Even if it means sacrificing everything.'라는 신념을 설파했다. '흑인의 삶도 중요하다.'는 뜻의 블랙 라이브스 매터스Black Lives Matters 운동의 나이키 버전이었다. 스포츠 정신의 정수 '저스트 두 잇Just do it.'이 사회 정의를 향한 외침에도 그대로 적용된 것이다. 이처럼 나이키는 오래도록 유지한 브랜드의 정신을 사회 문제로 확장하면서 브랜드 자산을 키우는 영리한 브랜드다. 광고가 나온 초창기엔 사람들이 나이키 신발을 불태우는 등 극도의 반감을 표시했고 주가마저 급락했다. 하지만 많은 스포츠 스타와 연예인이 나이키의 정신을 공개적으로 지지하고 나서면서 상황이 역전됐다. 나이키가 사회 정의를 위해 목소리를 높였다는 사실에 사람들은 놀라워했고 박수로 응답했다. 사람이 아니라 브랜드가 그런 일을 해냈다는 신선함이 눈길을 끌었던 것이다. 2018년은 나이키의 '드림 크레이지'의 해였다 해도 과언이 아니다.

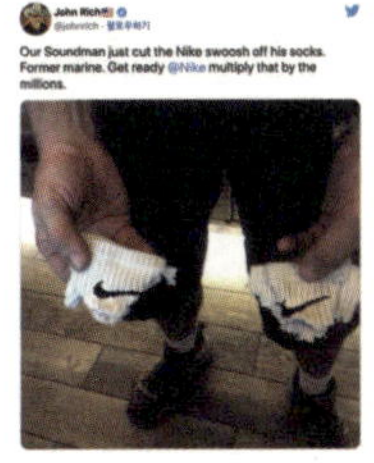

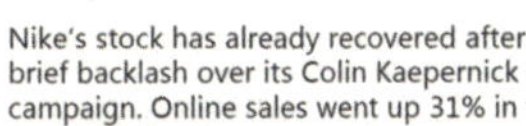

Nike's stock has already recovered after a brief backlash over its Colin Kaepernick ad campaign. Online sales went up 31% in the days after it was announced.

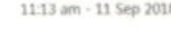

나이키의 '드림 크레이지' 캠페인은 정치적 논쟁의 대상이었던 콜린 캐퍼닉을 광고에 등장시켜 브랜드가 사회 정의를 위해 목소리를 높여야 함을 보여준 용감한 사례였다. 브랜드 액티비즘을 크게 활성화한 계기가 됐다.

이처럼 브랜드 액티비즘이란 기업과 브랜드가 특정한 가치와 원칙 또는 정치 사회 문제에 대해 공적 입장을 밝히고 이를 지지하거나 촉진하는 전략적 접근 방식이다. 이러한 행위가 기업의 사회공헌활동이라는 단순한 범주를 넘어서서 기업과 브랜드의 가치를 높이는 브랜딩 전략의 핵심이 됐다는 점이 무엇보다 중요하다. 쉽게 말하면 기업의 사회공헌활동 자체가 브랜딩 활동이 된 것이다. 그 결과 오늘날 브랜드는 사회운동을 견인하는 핵심 주체로 부상하고 있다.

브랜드 액티비즘의 활동은 공개 성명, 광고 캠페인, 비영리단체와의 파트너십, 기업 운영 방식의 변화 등 다양한 형태로 나타날 수 있다. 나이키의 경우 광고 캠페인을 통해 브랜드 액티비즘을 효과적으로 펼치면서 브랜딩을 강화한 사례다. 브랜드 자체가 정의로운 사회를 대변하는 인플루언서가 된 것이다.

여기서 간과하지 말아야 할 것은 나이키의 진정성이다. 나이키의 브랜드 액티비즘이 미국 시민에게 감동을 주고 브랜드 액티비즘 명예의 전당에 오를 정도로 효과를 거둔 것은 바로 그 진정성 때문이다. 브랜드가 사회 문제에 대한 입장을 표명할 때는 그 진정성을 의심받아서는 안 된다. 그것이 브랜드 이미지 강화를 위한 마케팅으로 여겨질 때 더 큰 역풍을 맞기 때문이다. 나이키의 진정성이 인정받은 것은 뼈아픈 과오가 있기에 가능했다.

1996년 나이키는 창사 이래 최대 위기를 맞이했다. 미국의 시사잡지 『라이프』가 파키스탄 시알코트 지역 아동이 나이키 축구공을 바느질하는 사진을 게재했다. 아이들에게 꿈과 희망을 주어야 할 축구공이 저개발 국가의 가난한 아동의 노동력을 착취해서 만들어졌다는 사실이 알려지자 미국은 물론 전 세계의 비난이 쏟아졌다. 이후 미국 소비자 단체를 중심으로 시알코트 지역에서 생산된 축구공 불매운동이 벌어졌고 나이키의 주가도 당연히 곤두박질쳤다. 문제는 나이키가 "우리가 아니라 하도급 업체가 잘못한 것"이라고 발뺌한 것에서 더욱 크게 불거졌다. 나이키는 결국 비난 여론과 매출 감소에 무릎을 꿇었다. 위기관리에서 진정성 있는 초기 대응이 얼마나 중요한 것인가를 보여주는 사례였다.

이후 나이키는 지속가능한 사회를 만들어갈 조직을 신설하고 운영 체제를 수립해서 과오를 씻을 기회를 만들었다. 나이키 설립자이자 당시 CEO였던 필 나이트Phil Knight는 1998년 5월 연설을 통해 "나이키 제품은 노예 임금, 초과 근무 강제, 임의적인 학대와 동의어가 됐다."라고 잘못을 인정하면서 나이키 노동자의 최소 연령을 올리고 모니터링을 강화한다고 발표했다. 또한 모든 공장에서 미국 직업안전보건청OSHA의 청정 공기 표준을 채택하고 노동자 교육을 위한 복지정책을 펼치겠다고 했다. 이후에도 나이키는 1998년 기업책임부서Corporate Responsibility Department를 설립했으며 적극적이고 능동적인 자세로 문제 해결을 위한 조직적 움직임을 보여왔다.

1999년에는 주간 60시간 노동을 넘지 않도록 하고 독립적인 모니터링을 강화했다. 그리고 1999년 설립된 국제 비영리단체 공정

12세 소년 타리크. 이 소년이 받는 하루 일당은 단돈 60센트였다. 나이키의 브랜드 액티비즘이 진정성을 인정받는 것은 1996년 아동 노동 착취 문제를 겪은 시련이 있었기 때문이다. 이후 나이키는 건강한 노동조건을 비롯한 브랜드의 진정성을 담은 솔루션을 마련했다.

노동협회FLA에 창립 멤버로 가입하면서 다른 브랜드도 가입할 것을 권유했다. 2002~2004년에는 문제가 있는 공장을 반복해서 방문하는 등 이 기간에 약 600건의 공장 감사를 했다. 2005년 4월에는 공급망의 투명성을 높이기 위해 '나이키 제조 지도Nike Manufacturing Map'를 게시하면서 나이키가 계약을 맺고 있는 전 세계 공장의 상세한 정보를 공개한 업계 최초 기업이 됐다. 해당 사이트에 들어가면 완제품과 원재료를 생산하는 공장(완제품의 경우 41개국 529개 공장)에 대한 상세한 정보를 조회하거나 다운로드할 수 있다.

그 결과 기업의 사회적 책임CSR을 다루는 전문 매체인 「CRO」가 2007년 미국의 '100대 최우수 기업시민' 순위를 발표했을 때 나이키는 그린마운틴Green Mountain과 AMD에 이어 3위를 차지했다. 아동 노동 착취라는 불명예스러운 대명사에서 기업의 사회적 책임CSR을 실천하는 대표적 기업으로 자리매김한 것이다. 이후 나이키는 브랜드 액티비즘의 핵심이라 할 수 있는 '진정성 있는 장기적 헌신'을 계속 이어오고 있다.

브랜드가 사람처럼 사회 정의에 대한 관점을 가지고 옳은 행동을 해야 한다는 것은 브랜드를 사람처럼 인격을 가진 존재로 생각한다는 것이다. 달리 말하면 브랜드가 가진 생각이 옳으면 적극적으로 구매하고 그렇지 못하면 외면하겠다는 새로운 구매 행위가 생겨난 것이다. 서문에서도 밝혔듯이 마케팅에서 만들어낸 것이 아니라 소비자들이 자발적으로 시작한 '돈쭐낸다'는 구매 행태다. 이처럼 브랜드를 하나의 인격체로 생각하게 된 것은 우리가 너무 많은 브랜드에 둘러싸여 그들과 친구처럼 살고 있기 때문이다. 우리에게 휴대폰은 전자기기가 아니라 친구이자 비서다.

브랜드가 사회 문제에 목소리를 내고 행동해야 하는 시대가 됐다. 그러기 위해 기업은 한없이 투명해져야 하고 브랜드 액티비즘 관점에서 브랜드를 관리해야 한다. 브랜드의 정신은 진정성에 맞춰져야 하며 브랜드의 목적은 지속가능에 맞춰져야 한다. 다른 답은 존재하지 않는다. 이제 물건 만들고 유통하고 이득을 얻고 재투자하던 단순한 마케팅의 시대는 완전히 갔다.

브랜드가 지속가능의 인플루언서가 되는 시대

오늘날 브랜드는 제품을 생산하고 판매하는 경제 주체를 넘어 사회적 담론을 이끌고 가치의 방향성을 제시하는 강력한 인플루언서로 자리 잡았다. 브랜드의 메시지 하나와 행동 하나가 수백만 소비자의 인식을 바꾸고 정치, 경제, 문화에 파장을 일으키는 시대인 것이다. 이 장에서는 브랜드가 강력한 인플루언서로서 이 사회에 어떤 영향을 미치고 있는지를 이해하기 위해 '사회 문제에 대한 기업의 역할' '환경 문제에 대한 기업의 역할' '브랜드 액티비즘에 대한 소비자 반응' '브랜드 액티비즘이 경제와 정치에 미치는 영향'을 다룬다. 이를 통해 브랜드 액티비즘이 어떻게 기업 전략을 디자인하고 사회에 어떤 방향성을 제시하는지 보여줄 것이다.

1.
사회 문제에 대한 브랜드 액티비즘의
전략적 접근

신중한 기획 없이 참여하면 리스크를 수반한다

브랜드 액티비즘은 인종차별, 젠더 평등, 인권 등 다양한 사회 문제를 다룬다. 기업은 이러한 사회 문제에 대한 입장을 강조하고 대중과 소통하기 위한 캠페인을 전개한다. 이러한 이니셔티브는 브랜드의 가치와 신념을 반영하는 것에 그치지 않고 사회 변화를 촉진하며 소비자가 해당 문제를 지지하도록 장려하는 역할을 한다.

예를 들어 2017년 미국 트럼프 행정부가 '무슬림 7개국 입국금지령Travel Ban'[1]을 발표한 직후 시작된 에어비앤비Airbnb의 '우리는 포용합니다We Accept.' 캠페인은 포용성과 다양성을 지지하는 강력한 성명서다. 미국 슈퍼볼 광고로 방영된 이 캠페인은 다양한 인종

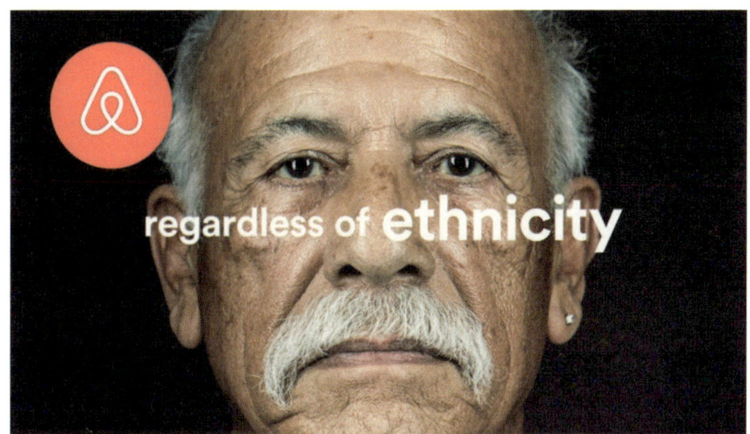

2017년 에어비앤비는 난민, 재해 생존자, 구호 활동가를 포함해 도움이 필요한 10만 명에게 향후 5년간 단기 숙박을 제공하기로 약속했다.

과 배경의 개인과 가족들의 모습과 함께 '우리 모두는 함께할 곳이 있다We all belong.'라는 메시지를 전달하며 출신, 외모, 종교와 관계없이 모든 사람이 소속감을 느낄 수 있어야 한다는 점을 강조했다. 이에 더해 에어비앤비는 난민, 재해 생존자, 구호 활동가를 포함해 도움이 필요한 10만 명에게 향후 5년간 단기 숙박을 제공하기로 약속했다. 이러한 이니셔티브는 단기적으로 여행 금지 조치에 대한 반대 입장을 표명하는 것을 넘어 세계적으로 포용과 환대를 중요시하는 공동체를 조성하겠다는 에어비앤비의 장기적인 의지를 강화하는 계기가 됐다.

하지만 신중한 기획 없이 브랜드 액티비즘에 참여하는 것은 상당한 리스크를 수반한다. 기업이 특정 입장을 표명하면 이를 반대하는 소비자로부터 반발을 살 수 있다. 이는 잠재적인 불매 운동이

질레트는 캠페인을 통해 긍정적인 남성상을 장려하고자 했다. 하지만 일부 보수 성향 남성들이 전통적인 남성성에 대한 공격으로 받아들여 강한 반발과 논쟁을 불러일으켰다.

나 평판 손상과 같은 부정적인 반응을 일으킬 수 있다. 예를 들어 질레트Gillette는 '남자가 보여줄 수 있는 가장 좋은 모습The Best Men Can Be' 캠페인을 펼쳤는데 '유해한 남성성toxic masculinity'에 대한 문제를 제기하며 엇갈린 반응을 얻었다. 2019년 1월에 공개된 이 캠페인은 집단 괴롭힘, 방관하는 태도, 성희롱 등 남자들의 잘못된 사회적 행동 습관을 지적하며 긍정적인 남성상을 장려하고자 했다. 일부에서는 질레트가 중요한 사회 문제를 다루는 점을 높이 평가했지만 일부는 이를 전통적인 남성성에 대한 공격으로 받아들이며 강한 반발과 논쟁을 불러일으켰다. 이 캠페인에 대한 엇갈린 반응은 브랜드 액티비즘이 긍정적인 영향력을 발휘할 수도 있지만 메시지를 받아들이는 소비자층에 따라 의도했던 바와는 달리 논란이 될 가능성이 있다는 점을 보여준다.

또 다른 사례로 펩시Pepsi의 '대담하게 살아라Live Bolder' 광고가 있다. 이 광고는 사회 정의 문제를 다루려 했으나 경찰의 폭력과

펩시의 '대담하게 살아라Live Bolder' 광고는 진정성 없이 사회운동을 마케팅 소재로만 사용하려 했다는 질타를 받았다. 이후 펩시는 광고를 철회하고 공식 사과까지 했다.

인종차별에 반대하는 심각한 시위를 사소하게 만들었다는 비판과 함께 심각한 반발을 초래했다. 2017년 4월 공개된 이 광고는 모델 겸 셀럽인 켄달 제너Kendall Jenner가 화보 촬영을 중단하고 시위에 합류하는 모습을 담고 있다. 광고의 클라이맥스에서 제너가 경찰에게 펩시 한 캔을 건네면서 분위기가 화기애애해지고 군중이 환호하는 장면이 연출된다. 많은 비평가는 이 광고가 경찰 폭력과 인종차별에 반대했던 블랙 라이브스 매터스 운동의 이미지를 차용해 제품을 홍보함으로써 시위의 심각성을 마케팅 기믹Marketing Gimmick[*]으로 축소시켰다고 비판했다. 소셜미디어에서 광범위한 비난이 쏟아지면서 즉각적이고 격렬한 반발이 일어났다. 결국 펩시는 광고 공개 24시간 만에 이를 철회하고 공식 사과문을 발표했다. 이 사건

---

* 대중의 호기심을 자극해 눈길을 끌려 하는 마케팅 전략

은 브랜드가 사회 문제를 다룰 때 진정성과 세심한 접근이 필수적임을 여실히 보여주는 사례가 됐다.

브랜드 액티비즘이 성공하면 핵심 소비자층과 깊이 공명한다

이러한 위험에도 불구하고 브랜드 액티비즘을 성공적으로 수행했을 때 얻을 수 있는 효과는 상당할 수 있다. 효과적인 브랜드 액티비즘 전략은 브랜드 충성도를 높이고 경쟁이 치열한 시장에서 차별화를 이루며 기업의 가치를 이해관계자(주주)의 가치와 일치하도록 한다. 2020년 나이키의 '이번만은 하지 마세요For Once, Don't Do It.' 캠페인은 브랜드 액티비즘의 잠재적 보상을 보여주는 좋은 예다. 나이키는 이 캠페인을 통해 조지 플로이드George Floyd의 사망 사건과 이후 이어진 항의 시위에 동참하여 인종차별에 강력히 반대하는 입장을 표명했다. 2020년 5월에 시작된 이 캠페인은 나이키의 대표적인 슬로건인 '저스트 두 잇'을 변형한 메시지를 통해 사람들이 인종차별을 외면하지 않고 이를 인정하고 이에 맞서 행동할 것을 촉구했다. 사람들은 광고 영상에서 반복된 "미국에서 인종차별이 존재하지 않는다고 속이지 말라. 침묵하지 말라. 외면하지 말라."라는 메시지를 통해 나이키가 인종 정의Racial Justice를 지지하는 브랜드라는 확실한 인식을 하게 됐다.

이 캠페인은 1장에서 언급됐던 2018년 나이키의 '드림 크레이지' 캠페인이 취한 사회적 입장의 연장선에 있다. 인종차별에 항의하기 위해 국가 연주 중 무릎을 꿇으며 유명해진 전 NFL 선수 캐

나이키는 '그냥 한번 해봐.'란 뜻을 담은 스포츠 정신 '저스트 두 잇'을 변형한 '이번만은 하지 마세요For Once, Don't Do It.'란 메시지를 통해 인종차별을 외면하지 말고 맞서 행동할 것을 촉구했다.

퍼닉은 사회운동에 대한 운동선수의 역할에 양극단의 논쟁을 불러온 인물이 됐다. 그를 조명하기로 한 나이키의 선택은 논란의 여지가 있었으며 불매 운동과 항의를 포함한 상당한 반발을 불러일으켰다. 그러나 초기의 논란에도 불구하고 '드림 크레이지' 캠페인과 '이번만은 하지 마세요For Once, Don't Do It.' 캠페인은 사회 정의와 평등을 지지하는 나이키의 핵심 소비층과 깊이 공명하며 브랜드 충성도를 높였다. 또한 각종 언론과 소비자들 사이에서 광범위한 논의를 촉진하며 브랜드가 사회운동에서 핵심 역할을 할 수 있음을 보여주었다. 나이키 사례는 기업이 중요한 사회 문제에 대해 명확한 입장을 취하고 담론에 적극적으로 참여하는 것이 장기적으로 브랜드 가치와 시장 경쟁력 향상에 기여할 수 있음을 시사한다.

<h1 style="text-align:center">2.
환경 문제 솔루션을 제시한
브랜드 액티비즘의 성과</h1>

기업들이 지속가능한 어젠다에서 가장 관심 쏟는 분야는 환경이다. 점점 더 많은 브랜드가 환경 문제 해결의 중요성을 인식하고 지속가능성 증진, 온실가스 배출 감축, 재생 가능 에너지 투자, 기후변화 대응과 환경 관련 입법 지지와 같은 다양한 활동을 전개하고 있다.

기업의 지속가능성을 위한 노력은 주로 생산과 소비로 인한 환경적 영향을 줄이는 데 초점을 맞춘다. 여기에는 탄소 배출 감소, 재활용 촉진, 지속가능한 원자재 조달과 같은 이니셔티브가 포함된다. 최근에는 제품을 재사용하고 재활용할 수 있도록 설계하여 폐기물을 최소화하는 순환 경제circular economy 원칙을 도입하는 브랜드가 증가하고 있다. 파타고니아의 '고쳐 입는 옷Worn Wear' 캠페인, 솔트워터 브루어리Saltwater Brewery와 E6PR의 협업 프로젝트, 벤앤제리스Ben & Jerry's가 주도한 프로젝트가 좋은 예다.

파타고니아는 환경 인플루언서로 사랑받는다

"우리는 우리의 터전인 지구를 되살리기 위해 사업을 합니다We're in business to save our home planet."

이 문구는 친환경 비정부기구NGO나 비영리기구NPO의 철학처럼 보인다. 그러나 이를 성취해야 할 미션으로 삼고 있는 곳은 스포츠 의류를 생산 판매하는 파타고니아다. 파타고니아는 기업의 존재 이유를 다음과 같이 전달한다.

"우리는 지구상의 모든 생명체가 멸종위기에 처해 있다는 사실을 잘 알고 있습니다. 이러한 현실을 바꾸기 위해 사업을 이용하고 자원을 투자하고 목소리를 높이며 때로는 상상력을 활용합니다. 파타고니아는 등반장비를 만들던 작은 회사에서 출발해 지금은 전 세계적으로 클라이밍, 서핑, 트레일러닝, 산악자전거, 스키와 스노보드, 플라이낚시 관련 제품을 판매합니다. 이들 스포츠는 모두 엔진이 존재하지 않는 조용한 스포츠입니다. 그리고 이들 스포츠의 보상은 메달, 순위, 관중의 환호가 아니라 힘겹게 얻어낸 개인적인 영광의 순간과 자연과의 교감입니다. 이것이 파타고니아가 추구하는 알피니즘Alpinism입니다. 그러나 기후변화가 심각해지면서 이 알피니즘도 사라질 위기에 처했습니다. 이것이 바로 우리가 싸우는 이유이며 우리의 시간, 노력, 매출의 1%를 전 세계 수백 곳의 풀뿌리 단체에 지원해 그들이 환경을 위해 싸울 수 있도록 돕는 이유입니다."

많은 사람이 파타고니아 제품을 구입한다. 그런데 기능이나 디자인만을 목적으로 구입하는 것은 아니다. 파타고니아를 구입하는 가장 큰 이유는 파타고니아 브랜드가 지닌 친환경 정신 때문이다. 그 정신을 소비자에게 알리기 위해 파타고니아는 지속가능한 원자재를 사용한 의류 제작에서 환경 단체에 대한 정기적 기부와 대규모 환경 캠페인 참여를 비롯해 홍보 기사의 한 줄까지 친환경 정신을 구현한다. '이 재킷을 사지 마세요Don't Buy This Jacket.' 캠페인은 심지어 파타고니아를 구입하지 말라는 메시지를 전달한다. 아무리 친환경 제품이라 할지라도 구매 행위 자체가 탄소를 배출하기에 소비자들에게 불필요한 구매를 재고하도록 권장했다. '고쳐 입는 옷Worn Wear' 프로그램은 수만 벌의 중고의류를 해체하고 봉제해 새로운 옷으로 재탄생시킴으로써 폐기물 감축에 대한 기업의 진정성을 보여주었다.

또한 파타고니아는 '지구를 위해 쓰는 1%1% for the Planet' 서약을 통해 매출의 1%를 환경 단체에 기부하고 있다. 그리고 자사 제품의 환경적 영향을 소비자들에게 투명하게 공개함으로써 고객들과 높은 신뢰를 구축했다. 예를 들어 파타고니아는 '환경 발자국 기록 Footprint Chronicles'이라는 이니셔티브를 통해 제품이 디자인에서 배송에 이르기까지 각 단계에서 발생하는 환경·사회 영향을 추적하

파타고니아는 구매 행위 자체가 탄소를 배출하기에 심지어 자신들의 제품을 구입하지 말라는 메시지를 전달한다.

수만 벌의 중고의류를 해체하고 봉제해 새로운 옷으로 재탄생시킴으로써 폐기물 감축에 대한 기업의 진정성을 보여주었다.

'지구를 위해 쓰는 1%' 서약을 통해 매출의 1%를 환경 단체에 기부하고 있다.

고 상세한 정보를 제공함으로써 브랜드의 투명성을 보여주고 있다.

이처럼 파타고니아는 확고한 환경 액티비즘을 통해 브랜드 자산을 크게 강화하면서 지속가능성 분야의 선두 브랜드로 자리 잡았다. 충성도 높은 소비자층을 형성했을 뿐만 아니라 업계에서 환경 책임의 기준을 새롭게 정립했다. 파타고니아 사례는 기업이 지속가능성을 장기적 전략의 핵심 요소로 통합했을 때 얼마나 강력한 긍정적 결과를 얻을 수 있는지를 보여준다. 또한 파타고니아의 환경 액티비즘의 행위 자체가 소비자들을 파타고니아의 홍보맨으로 만들 수 있었다. 파타고니아를 홍보하는 곳은 파타고니아의 홍보팀이 아니라 파타고니아를 사랑하는 일반 대중이라는 점을 꼭 염두에 두자. 그들은 파타고니아 브랜드 자체를 환경 인플루언서로 사랑하기 때문이다.

솔트워터 브루어리는 맥주회사에서 친환경 스타트업이 됐다

환경 문제에 대한 브랜드 액티비즘의 정신을 잘 구현한 또 하나의 대표적인 사례로 미국 플로리다주의 작은 맥주 회사 솔트워터 브루어리Saltwater Brewery와 벤처 E6PR의 협업 프로젝트를 들 수 있다. 6팩링은 맥주나 음료 캔을 6개씩 묶어 배달이나 이동을 편리하게 하는 플라스틱 포장재다. 이 6팩링이 바다 생물의 생태계를 크게 교란해 문제가 되고 있다. 물고기가 바다에 떠다니는 6팩링을 먹거나 새와 거북이 몸에 6팩링이 걸려 고통을 당하다가 죽는 일이 빈번했기 때문이다.

솔트워터 브루어리는 맥주를 만들고 나온 부산물인 보리와 밀 찌꺼기로 6팩링을 만들어 바다 생물을 보호한다.

이 문제가 크게 부각된 데는 엄청난 맥주 소비량에 기인한다. 특히 미국에선 2015년에만 63억 갤런(약 240억 리터)의 맥주가 소비됐다. 이중 절반 정도가 캔맥주다. 기존 캔맥주 6팩링은 분해되지도 않으며 미세 플라스틱으로 쪼개질 수 있는 성분이다. 미세 플라스틱으로 분산돼 퍼질 경우 바다생물뿐만 아니라 인간에게도 해를 입힌다. 수돗물에 포함되기 때문이다. 전 세계 수돗물 80%엔 미세 플라스틱이 들어 있다. 그 결과 사람들은 일주일에 신용카드 한 개 분량의 미세 플라스틱을 섭취한다고 한다. 바다생물은 플라스틱 링에 걸려 움직임이 자유롭지 못하게 되거나 플라스틱 링을 삼킨 후 소화기관이 막혀 죽는 경우가 허다하다.

바닷물고기 배 속에서 수많은 플라스틱이 쏟아져 나오는 모습은 마치 공포영화를 보는 것 같다. 인간이 버린 플라스틱으로 인해 미국 캘리포니아주와 북태평양 하와이 사이에는 한반도의 15배나 되는 155만 제곱킬로미터 면적의 쓰레기 섬이 형성됐다. 그린피스에 따르면 바다거북의 80%와 바닷새의 70%가 플라스틱을 삼킨다고 한다. 무엇보다 심각한 것은 한 해 바다에 버려지는 플라스틱 쓰레기의 양이다. 180억 파운드(약 68억 킬로그램)는 덤핑 트럭을 가득 채운 플라스틱 쓰레기를 3분마다 바다에 갖다 버리는 양이다.

친환경 재질의 맥주 링을 개발한 곳은 E6PR이란 스타트업이다. 2016년 이 회사는 플로리다의 솔트워터 브루어리와 함께 100% 생분해되고 식용 가능한 6팩링을 개발했다. 고무적인 것은 이 6팩링의 재질이 맥주를 만들고 나온 부산물인 보리와 밀 찌꺼기라서 환경오염 물질 배출 제로의 재활용을 완벽하게 구현했다는 것이다. 플라스틱 링처럼 튼튼하지만 바다에 떠 있는 상태에서도 생분해되며 바다생물이 먹어도 해가 없다. 말 그대로 자연에서 나와 자연으로 돌아가는 완벽한 순환이다. 이러한 제로 웨이스트 접근 방식은 맥주 생산 과정에서 나오는 부자원을 활용해 폐기물을 줄이고 100% 재활용되는 선순환을 이루면서 바다 생태계에 긍정적인 영향을 주었다. 비즈니스에도 큰 도움을 주었다. 플로리다 지역의 작은 맥주 제조사였던 솔트워터 브루어리는 미국 전역에 걸쳐 2,500개 매장을 열게 됐다. 이 사례는 바다생물의 가장 큰 위협인 플라스틱 쓰레기 문제에 대한 가장 가시적이고 확장 가능한 솔루션을 제시한 성공 사례로 늘 등장한다. '심각한 문제에 대한 실질적 솔루션'의 모범사례다.

현재 E6PR은 기본적으로 분당 360캔에 해당하는 링을 제조하는 설비를 갖췄으며 다량의 링을 원할 경우 분당 2,400캔 분량까지 만들 수 있다. 맥주 이외에도 소다수, 와인, 커피, 물, 차 등에 쓰이는 플라스틱 링이 매달 10억 개 정도 생산되는 것으로 추산된다. E6PR의 목표는 2025년까지 이 모든 물품에 쓰이는 플라스틱 링의 20%를, 2030년까지 50%를 친환경 링으로 대체하는 것이다. 나아가 E6PR은 제조사에서 플라스틱 문제를 해결하는 환경 스타트업의 투자자이자 공동창업자로 거듭났다. 환경 문제의 컨설팅과 솔루션 제공 기업으로 진화한 것이다. E6PR의 프로젝트야말로 확장 가능성 측면에서 지속가능한 플랫폼을 구현한 실질적이고 실용적인 브랜드 액티비즘의 사례라 할 수 있다.

이 사례는 육지에 살기에 바다 환경의 심각성을 깊이 깨닫지 못하는 인간에게 환경 의식을 일깨우는 동시에 다른 브랜드 역시 친환경 패키징을 선택하도록 하는 혁신의 촉매 역할을 했다. 또한 디자인 자체가 솔루션으로 기능함으로써 이 시대의 중요한 화두인 지속가능 디자인의 표본이 됐다. 인간이 환경오염을 일으키고 인간이 그 문제를 해결하는 숨바꼭질의 시대에 살고 있다. 그나마 결자해지할 수 있으면 다행이다. 솔트워터 브루어리가 맥주 생산이라는 '본캐'보다 친환경 6팩링 생산의 '부캐'로 더 알려진 브랜드가 됐다는 점도 흥미롭다.

벤앤제리스는 아이스크림을 브랜드 액티비즘의 매체로 만들었다

환경 액티비즘을 기업의 핵심 전략으로 통합한 또 하나의 대표적인 기업으로 벤앤제리스Ben & Jerry's가 있다. 벤앤제리스 역시 단순한 친환경 마케팅을 넘어 환경보호를 기업의 정체성과 운영 방식에 깊이 통합함으로써 지속가능한 비즈니스 모델을 구축하고 있다. 벤앤제리스는 재생 가능 에너지 정책 지지, 유전자 변형 농산물GMO 반대, 공정 무역 인증 원료 사용, 지속가능한 농업 지원과 같은 다양한 이니셔티브를 통해 환경보호를 위해 노력하고 있다. 이러한 활동을 통해 벤앤제리스는 환경 문제를 중요하게 여기는 대표적인 브랜드로 자리 잡았다.

파타고니아와 마찬가지로 벤앤제리스 역시 환경 문제에 대한 투명한 정보 공유와 진정성 있는 실천을 통해 소비자의 신뢰를 얻었다. 그리고 기후변화와 기타 환경 문제에 대해 명확한 입장을 밝히며 환경적 가치를 공유하는 소비자와 유대감을 강화했다. 예를 들어 일회용 플라스틱 사용 반대 캠페인을 통해 벤앤제리스 매장 내 플라스틱 빨대와 스푼 사용을 전면 중단하고 관련 법안 제정을 촉진했다. 또한 2015년 벤앤제리스는 기후변화를 알리기 위해 "우리의 지구를 지켜라!Save Our Swirled!" 캠페인을 통해 기후변화의 심각

벤앤제리스는 환경보호를 기업의 정체성과 운영 방식에 깊이 통합함으로써 지속가능한 비즈니스 모델을 구축하고 있다.

성을 알리고 솔루션을 홍보했다. 이 캠페인을 통해 세계 지도자들에게 기후변화 대응을 촉구하는 청원 운동을 펼쳤으며 새로운 아이스크림 맛 출시를 친환경 캠페인과 접목해 기후변화에 대한 관심과 인식 제고를 유도했다.

'우리의 지구를 지켜라!Save Our Swirled!'는 한정판 아이스크림으로 라즈베리 아이스크림에 마시멜로, 초콜릿, 콘 조각이 들어간 맛이었다. 그런데 포장지에는 기후위기를 알리는 메시지 '녹아버리면 끝이다If it's melted, it's ruined.'라는 문장이, 아이스크림 통에는 행동을 촉구하는 문구 '지금 우리의 지구를 지켜라Save our Swirled NOW.'가 적혀 있다. '소용돌이swirled'는 다양한 재료가 뒤섞여 완성되는 벤앤제리스 아이스크림의 구조적 특징이다. 이 고유한 속성을 유사한 발음 '월드world'처럼 읽히게 만들어 환경보호의 사회적 발언으로 확장한 것이다. 브랜드 웹사이트에는 21차 유엔기후변화협약 당사국총회COP21에서 세계 지도자들에게 지구 온도 상승을 2도 이하로 억제하라고 요구하는 아바즈Avaaz 청원 링크가 포함돼 있다. 이를 통해 소비자들이 청정에너지 전환 청원에 서명할 수 있었다.

벤앤제리스의 의도는 단순했다. 아이스크림 자체가 대화의 시작점이 되도록 한 것이다. 사람들이 매장에서 벤앤제리스를 보는 순간 자연스럽게 기후 캠페인과 연결되게 만든 것이다. 아이스크림은 더 이상 그냥 먹는 제품이 아니라 브랜드 액티비즘의 매체가 된 셈이다. 벤앤제리스는 자신들의 유쾌한 브랜드 정체성을 무기로 삼아 무겁고 심각한 주제인 기후위기에 대한 관심을 효과적으로 끌어냈다.

나아가 벤앤제리스는 소셜미디어를 적극적으로 활용하여 환경보호와 관련된 정보를 공유하고 소비자의 참여를 장려하고 있다. 이러한 적극적인 커뮤니케이션 전략을 통해 벤앤제리스는 광범위한 소비자층과 소통하며 환경적 가치를 실천하는 브랜드로서 입지를 더욱 강화하고 있다. 벤앤제리스는 아이스크림 브랜드를 넘어 환경보호를 위한 사회 변화를 이끄는 선도적인 기업으로 자리 잡았으며 업계 내 환경적 책임에 대한 새로운 기준을 정립하는 데 기여하고 있다.

브랜드 액티비즘이 환경 정책의 변화를 이끌어내고 있다

이처럼 많은 기업이 지구 온난화 문제의 시급성을 강조하며 기후변화 대응을 위한 행동을 촉구하고 있다. 나아가 일부 기업은 환경보호를 위한 법과 규제를 지지하며 정책 변화를 촉구하기 위해 로비 활동을 펼치고 있다. 예를 들어 온실가스 배출 기준 강화를 위한 법률 제정, 일회용 플라스틱 사용 금지, 친환경 에너지 사용 촉진을 위한 인센티브 확대 등을 지지하는 기업들이 늘어나고 있다. 이를 통해 기업의 환경적 책임을 강화하는 동시에 정책 변화를 끌어내는 데 중요한 역할을 한다. 구체적인 사례를 들면 파타고니아, 레이REI, 노스페이스 등이 속한 아웃도어산업협회는 미국 내에서 공공 토지 보호 강화, 청정 전력 계획Clean Power Plan과 같은 기후 관련 입법을 지지해 왔다. 2021년에는 세일즈포스, HP, 인텔을 포함한 300여 개 주요 기업들이 바이든 행정부에 서한을 보내 의회가 적극적인 기후 입법과 청정에너지 투자 정책을 통과시킬 것을 촉구했다. 테슬라도 전기차 시장 확대와 친환경 정책 강화를 위해 적극적으로 로비 활동을 해왔다. 2024년에 미국과 영국에서 각각 저탄소 연료 기준LCFS 지지와 무배출 차량ZEV 의무 강화 로비를 통해 전기차 보급 확대와 대형 트럭까지 포함하는 탄소 저감 정책을 촉구했다.

이러한 환경 액티비즘을 통해 기업들은 친환경 마케팅에서 더 나아가 법이나 제도 개선을 통한 실질적인 변화를 주도하는 사회운동가의 역할을 한다. 이는 기업이 책임감 있는 기업시민Corporate Citizen으로 자리매김하는 데 기여할 뿐만 아니라 소비자의 기대와 가치에 부합함으로써 브랜드 자산과 소비자 충성도를 크게 향상하는 효과가 있다. 실제로 현대 소비자들은 자신이 지지하는 가치와 일치하는 브랜드를 선호하며 환경적 책임은 구매 결정에서 중요한 요소로 작용하고 있다. 2015년 닐슨Nielsen의 조사에 따르면 전 세계 소비자의 66%가 지속가능한 브랜드에 더 큰 비용을 지불할 의향이 있다고 응답했으며 이러한 추세는 시간이 갈수록 더욱 증가하고 있다.

환경보호 활동을 위한 다양한 전략을 구상하고 실행한다

기업들은 환경보호 활동을 위해 다양한 전략을 구상하고 이를 기업의 핵심 정체성과 결합해 더욱 강력하고 일관된 메시지를 전달한다. 이러한 전략에는 투명한 커뮤니케이션, 효과적인 스토리텔링, 파트너십, 액티비스트 마케팅, 친환경 제품 혁신을 포함한다.

환경운동에 성공한 기업들은 대부분 투명한 커뮤니케이션을 우선시한다. 지속가능성 목표, 진행 상황, 직면한 도전 과제 등을 공개함으로써 소비자의 신뢰를 쌓고 환경보호에 대한 진정성을 증명한다. 예를 들어 파타고니아는 「환경·사회 책임 활동 보고서Environmental & Social Initiatives Report」를 발행하여 자사의 환경보호 활동과 성과를 공개한다. 벤앤제리스는 지속가능한 농업과 공정 무역 원료

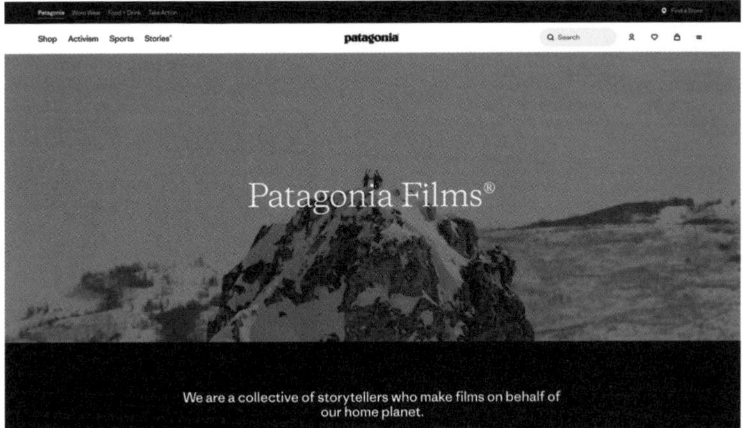

‘파타고니아 필름’ 홈페이지에 접속하면 파타고니아가 제작한 수많은 환경 관련 영상을 볼 수 있다. 

사용 정보를 공개한다.

효과적인 스토리텔링은 브랜드가 소비자와 감정적으로 소통하는 데 도움이 된다. 기업의 환경보호 활동과 그에 따른 긍정적인 영향을 이야기로 풀어내어 소비자들이 더 깊이 공감하고 브랜드의 활동을 지지하도록 유도하기 때문이다. 예를 들어 벤앤제리스는 기후변화에 크게 영향을 받는 농민들과 지역사회의 이야기를 강조하며 환경보호가 개념이 아니라 실질적인 문제임을 소비자들에게 전달한다. 파타고니아는 환경보호 활동가와 협업하여 다큐멘터리 제작과 캠페인을 진행하면서 환경 문제를 더욱 친근하고 시급한 문제로 인식하게 만든다. ‘파타고니아 필름’ 홈페이지*에 접속하면 수많은 환경 관련 영상을 볼 수 있다.

---

* https://www.patagonia.com/films

또한 기업들은 종종 환경 단체와 다양한 이해관계자과 협업해 환경보호 활동을 더욱 효과적으로 수행한다. 이러한 파트너십은 기업의 노력에 신뢰성을 더하고 더 큰 목표를 달성하는 데 기여한다. 파타고니아는 오션 블루 프로젝트Ocean Blue Project와 지구의 벗Friends of the Earth 등의 다양한 환경단체완 협력하며 '지구를 위해 쓰는 1%' 이니셔티브 등을 통해 재정을 지원하는 등 브랜드의 영향력을 활용하여 환경보호 활동을 확산하고 있다.

나아가 환경 액티비즘에 참여하는 기업들은 종종 액티비스트 마케팅Activist Marketing을 통해 변화를 옹호하기도 한다. 액티비스트 마케팅엔 대담한 광고 캠페인, 소셜미디어 액티비즘, 환경 문제에 대한 공개 성명 등이 포함된다. 이러한 마케팅 기법은 환경보호에 대한 인식을 높이는 동시에 브랜드를 환경운동의 리더로 자리 잡게 한다. 앞서 언급한 나이키의 '드림 크레이지'와 '이번만은 하지 마세요For Once, Don't Do It.' 캠페인, 파타고니아의 '이 재킷을 사지 마세요Don't Buy This Jacket.'와 '고쳐 입는 옷Worn Wear' 캠페인, 벤앤제리스의 '우리의 지구를 지켜라Save Our Swirled.' 캠페인이 여기에 해당한다.

마지막으로 친환경 제품 혁신은 많은 기업이 채택하는 핵심 전략 중 하나로 재활용 소재 사용, 포장 폐기물 감소, 환경적 영향을 최소화한 제품 생산 등을 들 수 있다. 예를 들어 파타고니아는 플라스틱병을 재활용해 만든 재킷을 개발하는 등 지속가능한 제품 혁신에 지속적으로 투자하고 있으며 아디다스 역시 해양 보호 단체 '팔리Parley'와 함께 폐어망과 해양 플라스틱을 재활용한 신발을

아디다스와 해양 보호 단체 '팔리'가 협업해 만든 신발엔 한 켤레당 플라스틱 병 11개가 재활용됐다.

임파서블 푸드는 붉은 육류 대비 탄소 배출과 물 사용을 대폭 절감하는 식물 기반 대체육을 개발했다.

만들었다. 임파서블 푸드Impossible Foods는 붉은 육류 대비 탄소 배출과 물 사용을 대폭 절감하는 식물 기반 대체육을 개발 판매하고 있다. 이케아IKEA는 2030년까지 모든 제품을 재생 가능 또는 재활용 소재로만 제작하겠다는 목표를 세우고 이미 일부 가구에 재활

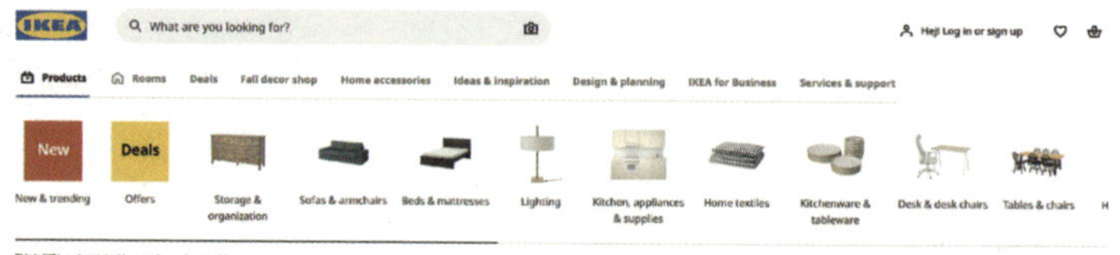

Choosing sustainable materials

이케아는 2030년까지 모든 제품을 재생 가능 소재 또는 재활용 소재로만 제작하겠다는 목표를 세웠다.

용 플라스틱과 국제산림관리협의회FSC 인증 목재를 적용하는 등 실제로 친환경 제품을 개발하고 있다.

이러한 전략은 단순한 기업 활동을 넘어 환경보호를 위한 가시적인 변화를 촉진한다. 기업이 소비자와 사회로부터 요구받는 지속가능 실천 과제 중 환경이 최우선이기에 앞으로도 이러한 가시적인 지속가능 브랜드 전략이 기업의 핵심 요소로 자리 잡을 것으로 예상한다.

3.
소비자와의 공감대를 통해 강화되는
브랜드 액티비즘

핵심 소비자층의 가치와 일치할 때 팬덤이 형성된다

소비자가 브랜드 액티비즘을 지지하는 데 영향을 미치는 가장 중요한 요인 중 하나로 기업의 입장이 소비자의 개인적 가치와 신념과 얼마나 일치하는가를 꼽을 수 있다. 소비자는 자신이 중요하게 여기는 정치와 사회 문제를 반영하는 기업에 더 큰 호감을 느끼고 그러한 기업에 대한 충성도를 유지하는 경향이 있다. 이러한 연계성은 공유된 목적Shared Purpose과 공동체 의식Community Feeling을 형성하며 브랜드와 소비자 간에 감성적 유대Emotional Connection를 더욱 돈독히 한다. 실제로 특정 사회 문제에 대해 개인적으로 강한 유대감을 느끼는 소비자들은 해당 문제를 지지하는 브랜드를 적극적으로 후원하는 경향이 있다. 이러한 구매 행동은 소셜미디어에서 브랜드를 옹호하는 포스팅을 통해 브랜드 홍보로도 이어질 수 있고 팬덤을 형성한다. 따라서 브랜드가 핵심 타깃 소비자층의 가치와 일치하는 메시지를 효과적으로 전달하면 충성도 높은 소비자 기반을 형성할 수 있고 소비자와 장기적인 관계를 구축할 수 있다. 브랜드가 아이돌 스타가 될 수 있는 것이다.

소비자 지지에 영향을 미치는 또 다른 중요한 요소는 반복한 언급이지만 '브랜드의 활동이 얼마나 진정성 있게 느껴지는가'다. 브랜드 액티비즘은 기업의 기본적인 가치와 밀접하게 연결돼 있어야 하며 실제 행동이 약속한 입장을 뒷받침해야 한다. 만약 이를 소홀히 한다면 소비자로부터 기회주의적이라는 비판을 받을 수 있다. 오늘날 소비자는 미디어 리터러시뿐만 아니라 기업의 프로젝트에 대한 리터러시도 높아져 기업의 행동이 진정성 있는 브랜드 액티비즘인지 아니면 단순한 마케팅 전략인지 쉽게 구분한다. 따라서 진정성이 높은 브랜드는 소비자에게 신뢰를 얻고 장기적인 충성도를 유지할 가능성이 높지만 진정성이 부족하다고 여겨지는 브랜드는 소비자의 회의적 반응과 반발을 불러일으켜 브랜드 평판이 손상될 위험이 크다.

특히 디지털 시대에서 진정성의 중요성은 더욱 부각된다. 실제로 소셜미디어를 통한 대중의 의견은 브랜드 액티비즘에 대한 소비자 반응을 결정하는 중요한 역할을 한다. 기업들은 소셜미디어를 통해 더 넓은 소비자층과 직접 소통하며 공감대를 형성하고 커뮤니티를 구축할 수 있다. 소비자들 역시 브랜드의 메시지를 자발적으로 공유하며 캠페인을 확산하고 타 소비자들과 공동의 가치를 형성한다. 하지만 이 과정에서 소비자는 기업의 행동이 진정성이 있는지를 빠르게 분석하며 기업이 그린워싱처럼 이미지 세탁을 시도한다고 느끼면 강하게 반발한다. 이런 부정적 반응은 소셜미디어에서 빠르게 확산돼 브랜드 평판에 큰 타격을 주기도 한다.

소비자는 브랜드의 진정성을 어떻게 판단하는가

브랜드가 사회 문제를 마케팅 커뮤니케이션 활동 속에서 전면적으로 내세우는 전략서 『깨어 있는 마케팅Woke Brand: From Selling Products to Fixing Society's Deep Issues』의 저자 아바스 미르자에이Abas Mirzaei에 따르면 소비자가 브랜드의 액티비즘을 진정성 있게 인식하는 주요 요인은 다음과 같다.

첫째, 브랜드 가치와 액티비즘의 일관성이다. 브랜드가 주장하는 사회적 가치를 실제 경영 원칙과 운영 방식에 반영해야 한다. 브랜드의 핵심 가치와 미션에 부합하는 문제를 다룰 때 소비자들이 이를 더 진정성 있게 받아들이기 때문이다. 실제로 소비자는 브랜드 액티비즘이 단순한 캠페인이 아니라 브랜드 정체성의 자연스러운 확장으로 보일 때 더욱 신뢰한다. 만약 브랜드 액티비즘이 기업 운영 방식과 일관되지 않는다면 소비자는 기회주의적이라고 판단하고 반발할 가능성이 높다.

둘째, 지속적인 실천이다. 단기적 캠페인에 그치지 않고 지속적

아바스 미르자에이의 저서 『깨어 있는 마케팅』은 브랜드가 사회 문제를 마케팅 커뮤니케이션 활동 속에서 전면적으로 내세우는 전략을 다룬다.

이고 장기적인 노력이 소비자의 신뢰를 구축한다. 단기적 캠페인은 소비자에게 회의감을 불러일으킬 수 있다. 브랜드가 해당 사회 문제에 대한 진정한 관심보다는 마케팅 효과를 노리고 있다고 인식할 수 있다. 따라서 브랜드는 지속적으로 해당 사회 문제에 기여하는 모습을 보여야 한다.

셋째, 투명한 커뮤니케이션이다. 브랜드는 액티비즘 활동의 동기, 목표, 진행 상황을 소비자와 명확하게 공유해야 한다. 특히 어려움과 한계를 인정하는 것은 브랜드의 신뢰도를 높이는 요소가 될 수 있다. 실제로 액티비즘과 관련된 실패 사례 또는 개선해야 할 점을 공개적으로 이야기하면 소비자는 기업을 더욱 신뢰하게 된다.

넷째, 소비자 참여다. 소비자가 브랜드 액티비즘에 직접 참여할 수 있도록 기회를 제공하는 것이 중요하다. 그러므로 소셜미디어 캠페인, 환경보호 이벤트, 비영리단체와의 협업 등을 통해 소비자가 직접 브랜드 액티비즘에 기여할 수 있도록 유도해야 한다.

다섯째, 소비자 피드백의 수용과 반영이다. 소비자 의견을 반영하는 것은 브랜드가 진정으로 소비자를 존중하고 있음을 보여주는 핵심 요소다. 따라서 기업은 소비자의 피드백을 적극적으로 수렴하고 그에 따라 사회적 메시지와 실천 방안을 지속적으로 개선해야 한다. 소비자의 우려를 경청하고 논란이 되는 부분에 대한 입장을 명확하게 전달하는 것이 중요하다.

여섯째, 신뢰받는 단체와의 협력이다. 비영리단체, 시민단체, 사회운동단체 등과 협력하는 것은 브랜드의 신뢰도를 높이는 데 도움이 된다. 이러한 협력은 기업의 영향력을 확장하고 사회적 기여를 더욱 의미 있게 만든다.

일곱째, 소비자 반응의 다양성과 이에 따른 양극화를 관리하는 것이다. 사회적으로 논란이 될 수 있는 문제에 대한 입장을 취할 때 일부 소비자로부터 강력한 지지를 받을 수 있다. 반면 특정 소비자층을 잃을 수도 있다. 이러한 양극화는 기업의 전반적인 평판과 시장 입지에 위험을 불러올 수 있다. 따라서 기업은 자신의 핵심 소비자층을 명확하게 이해하고 브랜드 액티비즘의 잠재적 위험과 이점을 분석하는 등 전략적 접근을 해야 한다. 이를 위해 소비자 여론과 선호도를 평가하는 시장조사를 철저하게 수행해야 하며 반대 의견을 가진 소비자들과도 개방적이고 존중하는 방식으로 소통할 준비를 해야 한다.

4.

경제와 정치에 영향을 미치는
브랜드 액티비즘의 파급력

브랜드 액티비즘이 재무 지표에 영향을 미친다

브랜드 액티비즘은 소비자 충성도, 브랜드 자산, 매출 실적, 주가와 투자자 인식 등 주요 재무 지표에도 중대한 영향을 미칠 수 있다. 하나씩 살펴보자.

소비자 충성도Consumer Loyalty는 브랜드 액티비즘 캠페인 이후 재무적 성과를 평가하는 핵심 지표 중 하나다. 기업이 사회 문제에 대해 입장을 표명하면 비슷한 가치를 공유하는 소비자를 끌어들이는 경우가 많다. 이러한 공감대는 소비자가 기업과 더 깊은 유대감을 느끼게 하며 반복 구매를 유도할 가능성이 높아진다. 반면 브랜드의 입장에 반대하는 소비자는 브랜드를 떠나거나 불매운동을 벌일 리스크가 있다. 예를 들어 나이키가 콜린 캐퍼닉을 지지하면서 인종 평등을 지지하는 소비자층을 끌어들여 매출이 증가한 것은 브랜드 액티비즘의 잠재적 재정 상승효과를 입증한 사례다. 반면에 논란이 된 질레트의 '남자가 보여줄 수 있는 가장 좋은 모습The Best Men Can Be' 캠페인에서 볼 수 있듯이 부정적인 반발은 매출 감소를 초래할 수 있다.

브랜드 자산은 소비자의 브랜드 인식과 브랜드 가치의 총체적인 평가를 의미한다. 기업은 자사의 브랜드 액티비즘 진정성을 소비자에게 인정받아 긍정적인 영향을 줄 수 있다면 브랜드의 평판을 강화하고 소비자 신뢰를 높여 브랜드 자산을 증가시킬 수 있다. 반면 브랜드 액티비즘이 소비자 가치와 불일치하거나 기회주의적으로 인식되면 브랜드 신뢰도를 훼손하고 브랜드 자산을 약화시킬 수 있다.

파타고니아는 지속적인 친환경 경영과 사회적 책임을 실천해 브랜드 자산과 소비자 신뢰도를 극대화했다. 반면 H&M은 지속가능 캠페인을 펼쳤으나 그린워싱 의혹이 제기되며 소비자의 신뢰를 잃은 사례다. H&M은 '컨셔스 컬렉션Conscious Collection' 라인에서 제품을 '지속가능한 소재'와 '더 지속가능한 제품'이라고 광고했다. 하지만 소비자들은 그 표현들이 구체적이지 않거나 비교 대상이 명확하지 않다는 이유로 문제를 제기했다. 예를 들어 어떠한 방법으로 지속가능한지 혹은 기존 제품 대비 얼마나 개선됐는지에 대한 상세한 정보가 부족하다는 지적이 많았다. 노르웨이소비자청Norwe-

'Sustainable Style': The Greenwashing Truth Behind H&M's Conscious Collection Adverts

👤 Tabitha Whiting   🕐 February 23, 2024   📁 climate communication   🏷 sustainability marketing

소비자들은 H&M이 야심차게 선보인 컨셔스 컬렉션 제품이 왜 지속가능한지 설명이 불충분하다고 비판했다.

(출처: Tabitha Whiting, 2024. 02. 23)

gian Consumer Authority 역시 H&M이 컨셔스 컬렉션 제품을 왜 지속가능하다고 하는지 설명이 불충분하다고 판단했다. 또한 H&M은 폐의류를 수거하여 새로운 제품의 원료로 사용한다는 자원순환Closing the Loop을 강조했다. 하지만 회수된 의류가 실제로 얼마나 재활용되거나 새 제품으로 재탄생하는지 공개하지 않거나 일부 아이템은 제대로 추적되지 않는 경우도 확인됐다. 조사 결과 회수한 의류 일부는 재활용 시설로 보내지 않고 가나, 인도, 동유럽 등 여러 국가로 수출하거나 쓰레기로 처리하거나 관심 밖으로 사라지는 경우도 있어 브랜드가 내세운 순환경제Circular Economy의 이상과 실질 사이의 간극이 드러났다.

또한 브랜드 액티비즘은 기업의 주가 변동성과 투자자 신뢰에도 영향을 미칠 수 있다. 투자자들은 투자 결정을 내릴 때 ESG, 즉 환경, 사회, 지배구조 요소를 점점 더 많이 고려한다. 그러므로 ESG를 추구하는 브랜드 액티비즘은 장기적으로 투자자 신뢰와 기업 가치를 높일 수 있다. 그러나 논란을 불러일으키는 브랜드 액티비즘은 주가 변동성을 키우고 투자자들에게 리스크로 작용할 수 있다.

나이키는 캐퍼닉 광고 이후 논란에도 불구하고 주가 상승을 기록했다. 그러나 비슷한 인권 주제를 다뤘더라도 2023년 버드라이트Bud Light의 딜런 멀베이니Dylan Mulvaney 캠페인은 투자 리스크에 직면한 사례에 해당한다. 세계 최대 맥주 기업 AB인베브는 대표 브랜드 버드와이저Budweiser의 하위 브랜드인 버드라이트Bud Light를 통해 트랜스젠더 인플루언서 딜런 멀베이니와 협업하며 성소수자 지지 메시지를 공개했다. 이 캠페인은 다양성과 포용을 지향하는 진보적 소비자층에게는 환영받았지만 동시에 미국 보수층의 거센 반발을 불러왔다. 일부 정치인과 유명 인플루언서들은 맥주를 쓰레기통에 버리거나 총으로 쏘는 영상을 SNS에 올리며 불매운동을 주도했고 보수 성향 소비자들의 조직적인 불매운동이 전국적으로 확산했다. 그들은 '각성하면 망한다Go woke, go broke.'(영어 woke는 진보 진영을 의미함)라는 문장을 활용하여 유튜브와 밈을 장식했다. 이는 브랜드 액티비즘의 리스크를 상징하는 레토릭이 됐다. 그 결과 캠페인 발표 직후 AB인베브의 주가는 한 달 만에 15% 이상 하락

버드라이트는 트랜스젠더를 활용하여 다양성과 포용성을 지향하는 프로젝트를 실행했으나 큰 비중을 차지하는 보수층 소비자의 반발을 불러일으켰다.

하고 시가총액은 약 100억 달러가 증발했다.

버드라이트는 미국에서 중서부와 남부 지역의 전통적 보수적 소비층이 큰 비중을 차지하는 맥주 브랜드다. 이 지역 소비자들은 자신들의 문화적 정체성을 맥주 브랜드와 동일시하는 경향이 강하다. 그런데 갑작스러운 성소수자와의 협업은 '내 문화적 공간에 진보적 어젠다가 침투했다.'는 반발심을 불러일으켰다. 더군다나 버드라이트는 공식 캠페인의 메시지와 맥락을 충분히 설명하지 않은 채 한 인플루언서의 SNS 콘텐츠로 시작된 것이 오해를 키웠다. 더 큰 문제는 단기간에 소비자 반발이 투자자의 불신으로 직결됐다는 점이다. 브랜드 액티비즘이 사회적 소수자 권리 옹호라는 긍정적 메시지를 담고 있더라도 브랜드가 주요 소비층의 정체성과 불일치하는 메시지를 충분한 맥락과 준비 없이 내놓을 경우 시장 리스크가 커지고 기업가치가 하락할 수 있음을 극명하게 보여준 사례였다.

브랜드 액티비즘은 정치적 입법 결정에 영향을 미친다

브랜드 액티비즘은 단순한 경제적 현상이 아니라 정치와도 깊이 얽혀 있다. 기업은 정치, 사회 문제에 대해 입장을 밝히면서 여론에 영향을 미치고 정책 변화에 기여하며 선거 과정에서도 중요한 역할을 할 수 있다. 이러한 정치적 참여는 긍정적인 사회 변화를 촉진하기도 하지만 소비자 반발, 브랜드 평판 손상, 법적 문제 등의 위험을 동반한다.

정치적 브랜드 액티비즘Political Brand Activism은 기업이 특정 정책, 정치 문제, 혹은 후보자를 지지하거나 반대하는 활동을 의미한다. 기업의 정치적 기부, 공식 지지, 사회운동 참여 활동이 여기에 해당한다. 정치 운동에 참여하는 기업은 자금과 브랜드 영향력을 활용해 정책을 바꾸고 입법 결과에 영향을 미칠 수 있다. 기후변화 법안을 지지하는 기업이 환경 단체들과 협력하여 정책 변화를 압박하는 사례가 대표적이다. 세 가지 사례를 소개하겠다.

이케아는 세계자연기금WWF과 약 20년 이상 협력하며 재생에너지 확대와 산림 보호를 위한 다양한 정책 지지 활동을 해왔다. 이들은 유럽연합의 재생에너지 지침 강화와 지속가능한 산림 관리 정책을 지지하며 정부가 더 야심 찬 기후 목표를 수립하도록 압박했다. 이케아는 또한 공급망 전반에서 생물다양성을 보존하고 기후 회복력 있는 비즈니스 모델을 확산하는 데 투자를 아끼지 않았다. 이케아와 세계자연기금의 파트너십은 사회공헌 차원을 넘어 정책 수립과 규제 개선에까지 영향을 미친 기업-비정부기구 연합의 전형적 사례다.

유니레버는 2008년 세계자연기금과 함께 해양관리협의회MSC 인증을 확대하는 데 주도적 역할을 했다. 이 협력은 공급망 개선뿐만 아니라 국제적 수산업 정책과 규범 설정에 영향을 미쳤다. 또한 유니레버와 세계자연기금 등 여러 기업과 단체가 '지속가능한 팜유 협의체RSPO, Roundtable on Sustainable Palm Oil'를 공동 설립했다. 이는 글로벌 팜유 산업의 환경파괴 문제(산림 벌채, 탄소 배출 등)에 대응하기 위해 조직된 다자협력체로 기업과 비정부기구가 힘을 합쳐 산림 보호와 공급망 규제라는 정책적 틀을 만들어냈다. 이 과정에서 유니레버는 단순히 기업 차원의 변화에 그치지 않고 유럽연합과 여러 국가의 팜유 수입 및 사용 규제, 지속가능성 기준 강화 등 입법과 정책 논의에 목소리를 더했다. 유니레버는 이처럼 지속가능성을 위한 정책을 선도적으로 구축하는 동시에 소비자와의 진정성 있는 커뮤니케이션을 통해 브랜드 가치를 높여온 기업이다.

이미 2013년 전 세계 광고 마케팅 업계의 주목을 받은 '리얼 뷰티 스케치Real Beauty Sketches' 캠페인을 통해 여성의 진정한 아름다움에 대한 사회적 대화를 끌어냈으며 2024년에는 도브의 '리얼 뷰티 캠페인Campaign for Real Beauty' 20주년을 기념하며 광고에서 인공지능 생성 이미지나 과도한 디지털 보정을 사용하지 않겠다는 약속을 담은 '도브 자존감 프로젝트Dove Self-Esteem Project'를 발표함으로써 그 철학을 행동으로 증명했다. 또한 2023년에는 트랜스젠더의 호르몬 밸런스 문제로 인한 피부 고민을 해결하는 제품 '트랜지

도브는 소비자와의 진정성 있는 커뮤니케이션을 통해 인공미를 배제한 여성의 아름다움을 강조하며 브랜드 가치를 높여온 기업이다.

션 바디 로션Transition Body Lotion'을 개발하는 등 다양성과 포용의 가치를 제품 혁신에 반영하고 있다. 이처럼 유니레버는 파타고니아와 함께 지속가능성과 진정성 있는 브랜드 철학을 여러 경로로 실천하며 지속가능한 미래를 지향하는 대표적 글로벌 기업으로 자리매김했다.

구글, 마이크로소프트, 애플과 같은 글로벌 기업들은 RE100 이니셔티브에 가입하여 2050년까지 100% 재생 전력을 사용하겠다는 목표를 선언했다. RE100은 국제 비정부기구 클라이밋그룹Clmate Group과 비영리기구 탄소정보공개프로젝트CDP, Carbon Disclosure Project가 주도하는 글로벌 협의체로 여기에 참여하는 기업들은 집단으로 정부와 시장에 재생에너지 확대를 위한 정책과 인센티브를 요구하는 역할을 한다. 이들 기업은 대규모 전력 수요자의 영향력을 바탕으로 재생에너지 시장을 확대하고 동시에 비정부기구의 정책 옹호 활동에 힘을 실어주었다. 이는 다국적 기업들이 정책 변화의 주도 세력으로 자리 잡고 있음을 보여준다.

또한 브랜드 액티비즘은 소비자와 유권자를 동원하여 특정 법안의 통과를 촉진하거나 투표 참여를 독려해 선거 결과에 영향을 주는 역할도 수행한다. 일례로 2020년 미국 대선을 앞두고 파타고니아는 '망할 놈들을 몰아내라Vote the Assholes Out.' 캠페인을 펼쳤다. 이 캠페인을 통해 기후과학Climate Science을 부정하거나 기후변화 대응을 외면하는 정치인들을 비판하며 강력한 환경 의제를 내건 후보를 간접적으로 지지했다. 파타고니아는 게릴라 전술로 소비자의 관심을 끌었는데 '망할 놈들을 몰아내라Vote the Assholes Out.'라는 문구를 특정 제품의 라벨 안쪽에 숨겨 넣었고 이를 소비자들이 발견해 소셜미디어에 공유하면서 전국적으로 빠르게 확산됐다. 이러한 접근 방식은 환경 문제를 우선시하는 유권자들을 동원하기 위한 유쾌하고 현명한 방법이었기에 효과가 더욱 컸다. 이 캠페인은 브랜드가 제품을 메시지의 매개체로 활용해 사회 변화를 촉구한

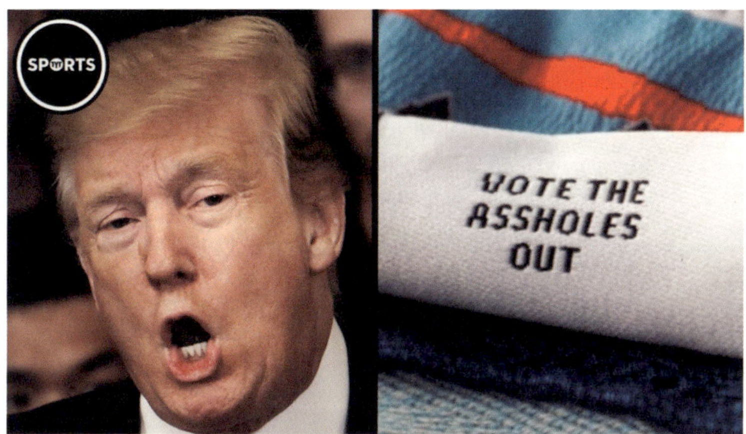

파타고니아는 '망할 놈들을 몰아내라Vote the Assholes Out' 문구를 특정 제품의 라벨 안쪽에 숨겨 넣었다. 이를 소비자들이 발견해 소셜미디어에 공유하면서 전국적으로 빠르게 확산됐다.

전형적인 브랜드 액티비즘 사례로 평가된다. 파타고니아는 내부적으로는 친환경 경영 원칙을 지키고 외부적으로는 기후변화를 부정하는 정치 세력에 맞서며 기업이 사회적 책임과 정치적 목소리를 어떻게 결합할 수 있는지를 보여주었다.

벤앤제리스는 회사 차원에서는 특정 대선 후보를 지지하지 않았다. 하지만 창립자인 벤 코언Ben Cohen과 제리 그린필드Jerry Greenfield는 민주당 예비선거 기간에 버니 샌더스Bernie Sanders를 공개적으로 지지하고 진보적인 정책을 지속적으로 옹호했다. 나아가 회사 차원에서도 선거 기간 내내 소셜미디어와 제품 패키징을 활용해 투표의 중요성을 알리며 유권자 등록과 투표 참여를 독려했다. 리바이스 CEO 칩 버그Chip Bergh는 총기 규제와 인종 정의 문제를 공개적으로 지지하면서 비영리단체 '락 더 보트Rock the Vote'(투표로 세상을 바꾸자)와 협력해 진보적인 정책을 지지하는 후보를 암묵적으로 지지했다. 그리고 '투표하세요Use Your Vote.' 캠페인을 통해 여러 브랜드와 유명 인사와 협력해 투표의 중요성을 강조함으로써 유권자 등록과 투표 참여를 촉진하기도 했다.

하지만 정치적 브랜드 액티비즘으로 인해 기업이 규제 조사와 법적 문제에 직면할 수 있다. 특히 기업의 정치적 행보가 정치 과정에 과도하게 개입하는 것으로 해석될 경우 법적 위험이 더욱 커질 수 있다. 일부 지역에서는 선거 자금법과 기업의 정치적 개입을 규제하는 법률이 엄격하게 적용된다. 따라서 법적 처벌이나 소송을 피하기 위해 관련 법률을 면밀히 검토하고 신중하게 접근할 필요가 있다.

기업과 정치의 연관성은 전통적인 기업의 영역에만 국한되지 않으며 소셜미디어 기업으로도 확장된다. 특히 2020년 페이스북이 인종차별 반대 시위 기간에 논란이 된 트럼프 대통령의 메시지를 삭제하지 않기로 결정한 사건은 소셜미디어 플랫폼, 정치적 담론, 그리고 사회적 가치 간의 복잡한 상호 작용을 부각했다. 2020년 5월 조지 플로이드 사망 이후 전 세계적으로 시위가 확산되는 가운데 트럼프 대통령은 '약탈이 시작되면 총격이 시작된다When the looting starts, the shooting starts.'라는 메시지를 게시했다. 트위터(현 X)와 같은 일부 플랫폼은 해당 게시물에 경고 표시를 하며 조처했으나 페이스북은 해당 게시글이 자사 정책을 위반하지 않았다는 이유로 삭제하지 않기로 결정했다. 이 결정은 강한 공분을 불러일으켰으며 사람들은 페

리바이스는 '투표하세요Use Your Vote.' 캠페인을 통해 유권자 등록과 투표 참여를 촉진했다. 

이스북이 윤리적 원칙보다 정치적 이해관계를 우선시했다고 비판했다. 심지어 페이스북 내부 여론조사에 따르면 1,000명 이상의 직원들이 저커버그 결정에 대해 '부적절하다'고 응답한 것으로 알려졌다. '적절하다'고 답한 직원은 19명에 불과했다.

한편 유니레버, 코카콜라, 스타벅스 등 글로벌 브랜드들이 연합해 '증오로 돈 버는 것을 멈춰라Stop Hate for Profit.' 캠페인을 벌이며 페이스북 광고 집행을 전면 중단했다. 이 캠페인은 브랜드들이 직접 행동에 나서 거대 플랫폼에 책임 있는 조치를 요구한 전형적인 브랜드 액티비즘 사례였다. 결국 페이스북 투자자의 불안을 불러온 리스크로 작용했다. 보이콧 선언이 이어진 첫주에 페이스북 주가는 약 8% 급락했고 하루 만에 시가총액이 560억 달러 가까이 증발하는 사태가 벌어졌다. 이 사건은 두 측면에서 중요한 사례가

유니레버, 코카콜라, 스타벅스 등 글로벌 브랜드들이 연합해 '증오로 돈 버는 것을 멈춰라Stop Hate for Profit.' 캠페인을 벌이며 페이스북 광고 집행을 전면 중단했다.

됐다. 하나는 소셜미디어 플랫폼이 공론 형성과 여론 조성에 미치는 막대한 영향력을 보여주는 동시에 명확하고 일관된 콘텐츠 관리 정책의 필요성을 강조하는 계기가 됐다. 다른 하나는 소셜미디어 기업이 여론 압력에 의해 책임 추궁을 당할 수 있기에 표현의 자유를 보호하면서도 사회적 해악을 방지할 책임을 균형 있게 조율해야 함을 잘 보여주고 있다.

5.
브랜드 액티비즘 자체가 새로운 브랜딩 방법

브랜드 자체가 지속가능 정신을 구현해야 한다

브랜드 액티비즘은 기업의 사회적 역할이 진화하는 중요한 흐름이다. 단순한 마케팅 전략을 넘어 기업의 사회적 책임CSR과 공공 담론 형성에 기여하는 중요한 변화로 자리 잡고 있다. 기업들은 인종 평등, 젠더 평등, 성소수자 권리와 같은 정치 사회 문제뿐만 아니라 기후변화 및 지속가능성 문제에서도 적극적으로 목소리를 낸다. 이를 통해 소비자 신뢰와 브랜드 충성도를 높이고 있다. 그러나 이러한 활동이 단기적인 홍보 전략으로 비칠 경우 '워크워싱Woke-washing'이라는 비판을 받으며 브랜드 평판이 훼손될 위험도 존재한다.

워크워싱은 기업이 진정한 실천 없이 진보적 사회, 환경 의제를 차용해 마치 '의식 있는 브랜드인 것처럼 포장하는 행위'를 말한다. 말과 행동이 일치하지 않는 피상적이거나 기회주의적인 행위다. 예컨대 선거철에 기후 행동이나 인종 정의를 지지하는 광고를 내면서도 실제로는 환경 규제를 반대하거나 내부 다양성 정책을 외면하는 경우가 이에 해당한다. 따라서 일관성long-term commitment, 투명성transparency, 장기적 헌신consistency이 브랜드 액티비즘의 성공을 결정짓는 핵심 요소가 된다.

앞서 사례로 든 파타고니아, 솔트워터 브루어리, 벤앤제리스, 유니레버는 일관성, 투명성, 장기적 헌신의 핵심 가치를 잘 유지했다. 덕분에 브랜드 자체가 지속가능한 임무를 실현하고 지속가능한 사회운동을 이끌며 지속가능한 정신의 인플루언서가 되는 브랜드 액티비즘을 잘 구현할 수 있었다. 기업이 단순한 사회공헌활동을 넘어 지속가능한 브랜드를 제작하고 배포하여 브랜드를 통해 사회 문제에 대한 소비자의 인식을 높이고 해결을 위한 실천으로 이끄는 행동에 적극적으로 나선 것이다.

이미 지속가능 브랜드 시장은 완전하게 자리를 잡았다. 닐슨 리서치에 따르면 지속가능 브랜드를 구입하겠다는 MZ세대가 무려 75%에 달한다. 2015년 조사임을 고려하면 지속가능이 키워드가 된 이 시점에서 그 수치는 더욱 늘었을 것이다. 국내 대학생을 대상으로 2020년 말에 실시한 조사에선 ESG를 구현한 브랜드를 구매하겠다는 비율이 87%였다. 또한 2025년 딜로이트 글로벌의 조사에 따르면 MZ세대의 70%가 고용주를 선택할 때 환경적 지속가능성을 중요하게 고려한다고 한다. 브랜드 자체가 지속가능 정신을 구현하지 못하면 판로는 물론 인재 채용에도 어려움을 겪게 될 상황에 부닥친 것이다.

이제 친환경 브랜드는 일상화됐다. 친환경 브랜드라는 진열대를 별도로 배치하는 것이 의미가 없어졌다. 친환경으로 제조된 브랜드가 칭찬받고 그렇지 못한 브랜드가 친환경을 선택하도록 부추김을 받는 시대는 벌써 지났다. 친환경은 기본이고 그렇지 못한 브랜드가 퇴출되는 상황만을 맞이하고 있는 것이다. 또 한편으로 친환경 제조 프로세스를 거친 브랜드일지라도 브랜드 제조사의 거버넌스에 문제가 있다면 그 역시 퇴출되거나 이미지에 심각한 손상을 입는다. 남양유업과 대한항공 사례가 좋은 예다. ESG의 G, 즉 거버넌스의 중요성이 부각되는 이유다. 기업의 환경과 사회 경영은 하부구조인 건전한 거버넌스 시스템이 뒷받침돼야 가능하다.

사회 문제 해결이 브랜드 성장으로 이어진다

이래저래 기업들이 압력을 받는 상황이 늘어나고 있다. 그러나 그것을 압박이라 생각하지 말고 오히려 브랜드의 평판을 키울 좋은 기회라 생각해야 한다. 브랜드 자체가 인플루언서가 된다면 비용 지불이 큰 마케팅 활동이 필요하지 않기에 오히려 그에 따른 수익을 창출할 수 있기 때문이다. 이 점이 바로 재무적 관점에서 브랜드 액티비즘의 핵심 가치가 탄생하는 지점이다. 브랜드가 인류와 지구 환경을 위해 정의로운 행동을 한다는 것 자체가 브랜딩의 새로운 방법으로 자리 잡았다. 이 놀라운 변화를 국내 브랜드도 장착해야 한다. 브랜드 액티비즘은 기업이 해왔던 기존의 방식, 즉 단순히 도와주고 기부하는 기업의 사회적 책임CSR 활동이 아니다. 사회 문제 해결을 위해 진정성 있는 브랜디드 솔루션Branded Solution을 만들고 그 브랜디드 솔루션이 브랜딩 방법이 되는 선순환 액티베이션이다. 4장에 소개한 35가지 브랜디드 솔루션 사례를 보면 현재 브랜드가 그 선순환 액티베이션을 수행하기 위해 얼마나 창의적이고 실용적인 솔루션을 만들어내고 있는지 알게 될 것이다.

3장

브랜드 액티비즘을
활성화시킨 집단지성의 힘

브랜드 액티비즘의 진화 과정에서 빼놓을 수 없는 것은 바로 지속가능이라는 대의를 위해 조직적으로 움직여 온 국제기구와 비정부기구, 글로벌 인플루언서, 기업, 시민의 행보다. 이들은 브랜드가 셰어앤드케어Share & Care 문화를 흡수하고 사회 문제에 대한 솔루션을 찾는 데 영향을 미쳤다. 브랜드가 가진 힘이 사회 정의를 위해 쓰이도록 선한 영향력을 미친 것이다. 이 장에선 유엔과 같은 국제기구, 빌 게이츠, 보이안 슬랏Boyan Slat과 같은 안트러프러너, 제품을 넘어 인플루언서가 된 파워 브랜드들이 전 세계 글로벌 광고회사와 협업해 창의적인 브랜디드 솔루션을 만들어온 위대한 사례와 소비자들이 소셜미디어를 통해 브랜드의 올바른 관점을 전파해 온

움직임을 소개한다. 이러한 사례에서 집단지성의 힘으로 활성화시
킨 브랜드 액티비즘의 양상을 구체적으로 이해하게 될 것이다.

1.
빌 게이츠와 칸 라이언즈의 협업 프로젝트
칸 키메라

지속가능 솔루션 개발에 집단지성이 필요하다

'세상을 돕기 위해 당신의 창의력을 활용하라Use your creativity to help.'

이 선언적 문구는 게이츠 재단 디스커버리 센터Gates Foundation Discovery Center에 들어서면 제일 처음 마주치게 되는 문구다. 아마도 현재 지구에서 지속가능한 사회를 위한 활동에 가장 큰 영향력을 행사하는 사람을 꼽으라면 주저 없이 빌 게이츠가 떠오를 것이다. 이 재단을 중심으로 세상을 돕는 일을 과학화하고 체계화한 장본인이 바로 빌 게이츠이기 때문이다. 그는 2000년 마이크로소프트의 경영 일선에서 물러난 후 재단을 설립해 지속가능한 사회를 만

게이츠 재단 디스커버리 센터엔 세상의 문제를 해결하는 솔루션 개발에 창의성이 중요함을 강조한 문구가 적혀 있다.

들기 위한 노력의 하나로 저개발국의 빈곤, 건강, 교육에 대한 솔루션을 찾기 시작했다. 재단 홈페이지에 들어가 보면 그가 벌이는 사업의 규모와 구조를 알 수 있다.

중요한 것은 빌 게이츠가 자신의 사업을 규정하는 철학적 명제에 '창의성creativity'이라는 단어를 넣었다는 점이다. 그의 경험상 창의적 사고 없이는 진정한 의미의 솔루션을 제공할 수 없다고 판단했기 때문이다. 여러 국제기구와 비정부기구들이 저개발국 지원 사업을 해왔지만 근본적인 솔루션보다는 급한 불을 끄기 위한 원조 업무의 비중이 컸다. 깨끗한 식수가 부족한 지역에 우물을 파주는 식의 활동을 해온 것이다. 물론 그 일이 매우 시급하고 도움이 되는 것은 분명하다. 하지만 우물을 파주는 것이 원조의 전부라면 그것은 눈앞의 숙제만 해치우는 것과 다름없다. 관리 부족으로 우물이 오염될 가능성도 높다. 말라리아를 예방하기 위해 모기장을 제공한다 해도 그 모기장이 필요한 곳에 쓰이지 않고 누군가의 손을 거쳐 시장에서 팔리고 있다면 그 또한 문제 해결에 도움이 되지 않는다. 아프리카에 퍼져 있는 에이즈에 대한 대책도 문제다. 콘돔을 나눠주는 것이 능사가 아니다. 남자들이 콘돔을 사용하게끔 습관을 어떻게 바꿀 것인가로 생각이 나아가야 한다. 즉 아프리카 청년들의 의식을 바꾸는 동시에 여성들이 원치 않은 성관계를 거절할 수 있는 문화를 만드는 것이 근본적인 솔루션이 될 수 있는 것이다.

이러한 사실은 원조 업무도 창의적 솔루션에 입각한 플랫폼이 되지 않으면, 다시 말해 지속가능성이 담보되지 않으면 그저 물적·인적 자원을 깨진 독에 물 붓듯 하는 형국이 되기 십상이라는 점을 알려준다. 더욱이 새로운 바이러스의 확산, 민간인을 표적으로 한 무차별적 테러, 사상자가 발생하는 인권 탄압, 전 지구적으로 나타나는 기후변화와 같은 예상치 못한 문제들이 발생하고 그것이 빠르게 생태계를 무너뜨리는 이 시대에서 적시에 지속가능한 솔루션을 고안하기 위해서는 민첩성Agility이 요구된다. 그것은 빠르게 제품을 생산하고 공급해야 했던 산업시대의 중요한 화두인 속도전과는 다른 문제다. 적합한 솔루션을 유연하게 적시에 제공한다는 것은 쉬운 일이 아니다. 전 세계 인플루언서들과 유엔 같은 국제기구가 과학적인 접근을 통해 창의적 솔루션의 플랫폼을 만들려고 시도하는 이유가 여기에 있다.

나아가 빌 게이츠는 세계 최대 크리에이티브 축제인 '칸 라이언

빌게이츠와 칸 라이언즈의 협업 프로젝트 칸 키메라에서 14명의
심사위원과 아이디어를 제시한 일반인들이 워크숍을 하고 있다.

즈Cannes Lions'와 손잡고 2012년에 '칸 키메라Cannes Chimera'라는 프
로젝트를 시작했다. 이 프로젝트는 전 세계인을 대상으로 세상의
문제를 해결하는 솔루션에 대한 아이디어를 공모하고 최종 선정된
우승자에게 100만 달러를 지원해 그 아이디어를 실행하도록 하는
프로젝트다. 과제는 저개발 국가의 건강, 위생, 발전을 위한 솔루션
개발이다. "원조는 효과를 내고 있다. 세상에 알리자Aid is working. Tell
the world."라는 선언을 통해 개발 원조에 대한 부정적 인식을 없애고

새롭게 개발한 창의적 솔루션을 세상에 알리는 것이 이 프로젝트
의 목적이다.

게이츠 재단은 아이디어를 심사하고 제안자들과 함께 그 아이디
어를 실행 가능한 솔루션으로 발전시킬 전문가들이 필요했기에 칸
라이언즈에 도움을 요청했고 함께 프로젝트에 착수했다. 칸 라이
언즈는 창의적 솔루션 개발을 위해 아이디어를 심사하고 멘토링할
수 있는 14명의 크리에이터를 선정해 그 명단을 게이츠 재단에 공
유했다. 필자가 이 프로젝트를 위해 게이츠 재단의 초청을 받아 시
애틀에 발을 딛게 된 계기는 이렇게 이루어졌다.

우선 놀랐던 것은 칸 키메라 프로젝트가 크게 홍보되지 않았을
당시에만도 1회 행사에 전 세계 85개국으로부터 914편의 아이디
어가 접수됐다는 사실이다. 한 팀당 4~5명이 모여 문제 해결을 위
해 여러 날을 머리를 맞댔을 생각을 하니 심사 내내 그들의 열정이
고스란히 전해졌다. 선정된 심사위원 14명은 우선 각 지역에서 1차
온라인 심사를 통해 10개 팀을 선발했다. 선발된 팀은 시애틀의 게
이츠 재단에 모여 자신의 아이디어를 발표했고 그곳에 모인 심사위
원들과 워크숍을 하며 더욱 발전된 솔루션으로 다듬어가는 과정을
거쳤다. 10개 팀이 돌아가며 14명의 심사위원을 찾아가 다양한 의
견을 주고받고 함께 생각하는 시간을 갖는 방식이었다. 창의적 솔
루션을 창출하기 위해 전 세계인이 머리를 맞댄 집단지성의 힘을
보여준 명쾌한 사례라고 할 수 있다.

원조에서 솔루션으로 패러다임이 전환되고 있다

이 행사가 의미 있는 것은 빈곤, 기아, 질병, 환경, 인권, 균형발전 등의 문제를 해결하는 데 유엔 같은 국제기구 또는 비정부기구만의 노력과 경험으로는 힘에 부치기에 새로운 방법을 찾아 실행했다는 데 있다. 사실 솔루션은 일반인도 자신의 전문성을 살려 얼마든지 제시할 수 있다. 국제기구와 비정부기구는 그 분야에서 쌓은 데이터와 경험이 많지만 한편으로는 해오던 방식을 반복하는 매너리즘에 빠져질 수 있다. 게다가 앞서 언급했듯 그들의 원조 업무가 현장에서 악용되기도 했다. 이런 이유로 게이츠 재단과 칸 라이언즈는 관심 있는 사람들이 문제 해결에 동참할 수 있는 플랫폼을 만든 것이다. 한마디로 칸 키메라는 빌 게이츠와 칸 라이언즈와 같은 국제적 명성을 가진 리더와 단체, 전문성을 가진 심사위원, 그리고 일반인의 지성과 열정의 참여가 빚어내는 집단지성의 현장이었다.

나는 솔루션이 10개 팀의 아이디어 발표와 발전 과정을 거치면서 참으로 다양한 형태로 개발될 수 있다는 사실을 목격했다. 그중 내가 전혀 예상하지 못했던 두 아이디어를 소개한다. 하나는 미국의 보스턴대학교 교수와 케냐의 자라모기 오깅가 과학기술 대학교 Jaramogi Oginga University of Science and Technology 교수가 협력해 제시한 아이디어였다. 그 팀의 아이디어는 케냐의 청년들에게 미디어 리터러시를 높여 콘텐츠를 직접 제작하게 코칭하는 것이었다. 지금까지 도움을 받는 저개발 국가에선 그들의 상황이 선진국의 관점으로 해석돼왔던 것이 사실이다. 호혜적인 관점의 해석이었지만 그들이

네덜란드 암스테르담에 기반을 둔 1%클럽은 사람들이 자신의 수입, 시간, 지식의 1%를 전 세계의 지속가능한 발전 프로젝트에 기부할 수 있도록 연결하는 온라인 크라우드 펀딩 플랫폼이다.

처한 상황의 깊은 디테일까지 포착하기는 힘들었을 것이다.

이 팀의 아이디어는 학생들이 운영하는 뉴스룸을 만드는 것이었다. 케냐의 청년들 스스로 건강과 보건 현장의 문제점을 찾고 스토리를 구성하고 그것을 영상 콘텐츠에 담아 미디어에 노출하는 훈련을 시키는 일이었다. 그러기 위해선 콘셉트를 잡고 스토리 라인을 구성하고 영상을 찍고 편집하여 콘텐츠를 완성하고 그것을 확산할 미디어 전략을 생각해야 한다. 획기적인 발상이었다. 당시 대부분의 국제기구 활동이 학교나 병원 등의 시설을 지어주고 필요한 음식을 공급하고 약을 제공하고 백신을 접종하는 등 원조가 핵심인 공적개발원조ODA가 기본이었기 때문이다.

나는 이 방법이 채택되면 청년들이 스스로 자신들이 처한 문제점을 분석하고 문제해결의 주체가 될 수 있다는 점에서 적극적으로 지지했다. 특히 공중 보건 개선 등 그들이 처한 열악한 상황에 대한 깊은 이해로 이끌고 정책을 만들어낼 수 있는 차세대 스토리 텔러를 길러낼 수 있는 강점이 있었다. 자립의 불씨를 키울 수 있는 근본적인 솔루션이었던 것이다. 퍼주는 원조는 한계가 있다. 결국 솔루션은 현지에서 창출되고 플랫폼화돼야 한다.

또 다른 아이디어는 네덜란드의 비영리 플랫폼 '1% 클럽1% Club' 의 아이디어였다. 비정부기구는 대부분의 활동 자금을 기부금에 의존한다. 그런데 기부하는 사람은 자신의 돈이 효과적으로 쓰이는지 알 수가 없다. 이 단체는 원조 업무가 제대로 작동되는지 모니터링하고 평가하는 모바일 앱을 만들자는 아이디어를 제시했다. 특히 도움받는 사람들의 생활을 스토리텔링으로 보여주고 생활 개선 지표를 만들어 데이터를 공개함으로써 그들의 생활이 얼마나 개선되는지를 투명하게 피드백하자는 취지다. 기부금을 더 모으려면 투여 대비 개선 정도를 쉽고 구체적으로 확인할 수 있어야 한다. 나는 당시 이 앱이 발전적으로 확장되면 모든 비정부기구 활동의 투명성도 높아질 것이고 나아가 투명한 기부 문화 생태계를 형성하는 기반이 되겠다고 생각했다.

두 아이디어 모두 기존 방식이 간과했던 그러나 꼭 필요했던 새로운 방식의 솔루션을 제안한 사례였다. 만약 전 세계인으로부터 아이디어를 공모하는 방식을 채택하지 않았더라면 이런 인사이트를 접할 수 없었을 것이란 생각도 함께 들었다. 최근 한국에서도 칸 키메라를 벤치마킹하여 '국가발전 프로젝트 공모전'이라는 아이디어 오디션 프로젝트가 진행되고 있다. 최태원 SK 회장이자 대한상공회의소 회장이 주도하는 이 프로젝트 역시 민간이 주도해 친환경, 청년 문제, 신기술 개발 등의 솔루션을 만들어보자는 의지를 담은 것이다. 수상자에게 총 2억 2,900만 원의 상금(대상 1억 원)과 함께 당선된 아이디어가 사업으로 이어지면 해당 사업의 지분을 최대 4.5%를 제공하는 기획이다. 늦은 감이 없지 않지만 좋은 생각과 의미 있는 기획은 널리 퍼져나가 개개의 국가와 지역 특성에 맞는 플랫폼으로 확산된다는 사실이 반갑다.

행사를 마치고 귀국하는 비행기 안에서 빌 게이츠는 어떤 이유로 이런 프로젝트를 기획하게 된 건지 궁금해졌다. 한참이 지난 후 넷플릭스의 다큐멘터리 「인사이드 빌 게이츠Inside Bill's Brain」를 보면서 그가 얼마나 과학적이고 체계적인 접근으로 해법을 찾으려 하는지 알 수 있었다. 그런 그에게 떠오른 방법이 일반인과 크리에이터의 집단지성을 한데 모을 수 있는 장을 마련하는 것이었으리라는 확답에 가까운 추측을 하게 됐다. 덕분에 요즘엔 이러한 집단지성의 문제 해결 방식이 일반화됐다. 기업들도 문제 해결을 위해 소비자, 마케터, 디자이너, 엔지니어들이 참여하는 해커톤을 열고 프로토타입을 만든 후 그 솔루션을 세상에 선보이는 일들이 많아지고 있다. 마이크로소프트는 이런 프로세스를 거쳐 신체 절단 장애인도 활용할 수 있는 X박스 게임기의 컨트롤러를 만들기도 했다.

칸 키메라의 참여는 세상을 바라보는 나의 관점이 공고하게 다져지는 여정이기도 했다. 코로나19와 같은 뜻밖의 재앙이 발생하는가 하면 환경 문제는 여전히 해소될 낌새가 안 보인다. 아직도 대한민국은 환경 악당이라는 국제적 오명을 쓰고 있기도 하다. 예측할 수 없는 상황이 반복되기에 그에 최적화된 창의적 솔루션을 내놓아야 할 필요성이 더욱 부각되고 있다. 이제 '창의적 솔루션creative solution'이라는 말은 '적시에timely, 상황에 맞는customized, 실질적practical 해결책'을 뜻하는 키워드로 자리 잡았을 뿐만 아니라 브랜드 액티비즘 구현의 핵심이 됐다. 창의적 사고를 통해 시장의 문제점을 해결해 왔던 수많은 광고인이 자신들의 지식과 경험을 사회 문제를 해결하는 데 쏟고 있다. 최근 10여 년 동안 광고회사들의 아이디어가 전 세계에서 회자됐던 수많은 브랜디드 솔루션을 탄생시켰으며 브랜드 액티비즘이라는 새로운 생태계를 만들어가는 데 기여했다.

2.
브랜드와 광고회사 협업으로 만든
유엔의 SDGs 솔루션

광고계 6대 홀딩컴퍼니가 지속가능 솔루션 개발을 결의했다

사회 문제가 없는 시대는 없었고 그것을 해결하는 방법이 없었던 것도 아니다. 그런데 지구가 하나의 생태계가 되면서 한 지역에서 발생한 문제가 전 지구적으로 급속히 퍼져나갔다. 에이즈와 에볼라, 느닷없이 닥치는 새로운 바이러스의 확산*, 내전으로 인한 난민의 유입, 쓰나미·태풍·해수면 상승 같은 지구온난화로 인한 자연재해 등이 그런 예다. 결국 지구의 적은 지구 내에 있었던 것이다. 영화에서처럼 외계인의 침공을 막기 위함이 아니라 우리 내부

---

* 야생동물에 존재하는 바이러스는 약 160만 개. 그중에 인간이 알고 있는 것은 3,000개로 0.2% 정도 수준임

에서 발생하는 문제를 해결하기 위해 지구방위대를 만들어야 하는 시점이 됐다.

특히 구조적인 사회 문제는 심각하다. 굶어죽는 아프리카 아이들은 식량이 없어 죽는 게 아니다. 식량을 살 돈이 없어 죽는다. 전 세계에 식량은 차고도 넘친다. 유발 하라리가 저서 『호모 데우스』에서 지적한 것처럼 '2010년 기아와 영양실조로 죽은 사람이 총 100만 명 정도였던 반면에 비만으로 죽은 사람은 300만 명이었다.' 결국 문제는 자원의 분배다. 누군가 총을 난사해서 여러 명을 죽이면 큰 뉴스가 된다. 일주일 이상 그 사건이 보도된다. 그러나 그보다 더 많은 죽음을 초래하는 기아, 에이즈, 인수공통감염병, 기타 질병 등의 원인에 대해서는 별로 관심을 보이지 않는다. 물리적 폭력보다 더 무서운 건 바로 이러한 눈에 보이지 않는 구조적 폭력이다. 사회 문제는 이처럼 구조적으로 복잡한 양상을 띠고 있다. 과거의 원조 개념으로는 근본적인 문제를 해결할 수 없게 됐다.

그런데 아직도 기업의 사회적 책임CSR이라 하면 겨울에 김장해주고 달동네에 연탄을 배달하는 봉사활동으로 생각하는 사람이 많다. 그것이 우리의 현실이다. 겨울철 연탄 배달 활동도 중요하지만 그것이 근본적인 솔루션은 아니다. 화석연료가 지구 환경에 좋지 않다는 건 자명한 사실이다. 화석연료를 줄여나가기 위한 사회적 노력이 필요한 형국에 언제까지 연탄을 찍어내고 나를 것인가. 태양광이 전기로 변환되는 비율, 즉 모듈 효율Module Efficiency이 좋고 설치 면적에 최적화된 태양광 집열판을 설치해 집마다 전기를 공

마이클 포터 교수의 '공유가치 창출CSV' 개념은 기업의 사회적 책임CSR 활동에서 단순한 도움이 아니라 가치 창출의 중요성을 부각했다.

급하고 난방을 하는 것이 옳은 방법이다. 그것이 지속가능한 솔루션이 될 수 있다.

이 같은 창의적 솔루션의 필요성이 부각된 것은 특히 기업 입장에서 보자면 사회 문제를 해결함에 단순히 기업의 책임을 강조하던 '기업의 사회적 책임CSR'에서 가치 창출에 중점을 둔 '공유가치 창출CSV, Creating Shared Value'로 넘어오면서였다. 마이클 포터Michael Porter 교수가 제시한 이 개념은 한국에서도 2014년 전후로 급속하게 전파됐다. 대기업이 공유가치 창출CSV 개념에 적응하면서 단순히 '돕는 일Aid'를 넘어서 브랜딩이 가미된 '지속가능한 솔루션Sustainable Solution'을 찾게 됐다. 어느 시대건 하나의 어젠다나 키워드가 주류를 형성하는 것은 갑작스럽게 발생하지 않는다. 시대가 처한 환경에서 자연스럽게 도출된다. 그런 관점에서 지속가능한 솔루션 창출이 사회적 트렌드가 된 배경도 살펴봐야 할 것이다.

우선 빌 게이츠, 앨 고어Albert Gore, 데이비드 애튼버러 경Sir David Attenborough, 크레타 툰베리Greta Thunberg를 비롯한 인플루언서의 활

유엔이 설정한 17가지 지속가능발전목표SDGs는 해결해야 할 문제의 어젠다를 과학적이고 체계적으로 구성했다.

동을 들 수 있을 것이다. 유엔 산하의 여러 국제기구와 그린피스Greenpeace, 국제앰네스티Amnesty International, 월드비전World Vision과 같은 국제 비정부기구의 조직적이고 체계적인 접근 방식도 큰 영향을 미쳤다. 무엇보다 유엔은 2000년부터 2015년까지 추진한 '새천년개발목표MDGs, Millenniem Development Goals'에 이어 2016년부터 2030년까지 달성해 나갈 '지속가능발전목표SDGs, Sustainable Development Goals'라는 어젠다를 선정했다. 여기엔 전 지구적 문제를 해결하기 위한 17가지 주목표와 169가지 세부 목표가 포함됐다. 국가, 기업, 시민의 참여를 독려하는 이런 움직임은 지속가능한 사회를 만드는 데 지대한 영향을 미치고 있다. 자료에 따르면 유엔의 새천년개발목표 노력 덕분에 당시 채택됐던 문제의 60%가 해결됐다고 한다. 엄청난 성공이라 할 수 있다. 이런 성과를 바탕으로 유엔은

2016년 칸 라이언즈에서 반기문 전 유엔사무총장은 전 세계 광고인들이 지속가능발전목표SDGs에 맞춰 세상의 문제를 해결해 줄 것을 당부했다.

지속가능발전목표SDGs에서 더욱 정교하게 그 목표를 구조화했다.

2016년 6월 프랑스 남쪽의 아름답고 세련된 고급 휴양지 칸에서 열리는 칸 라이언즈에 당시 반기문 유엔사무총장이 모습을 드러냈다. 프라이빗 비치를 소유하고 있는 리츠칼튼과 마르티네즈를 비롯해 수많은 고급 호텔이 해변을 따라 줄지어 선 칸의 6월은 전 세계 광고, 마케팅, 빅 테크, 엔터테인먼트 관계자들이 모여 칸 라이언즈의 크리에이티브 축제를 즐기는 한 철이다. 창의력이 흘러넘치는 행사에 광고인도 마케터도 엔터테이너도 아닌 반기문 총장이 왜 나타났을까? 기조연설자로 나선 반기문 총장은 본인 주도로 설계한 유엔의 지속가능발전목표SDGs를 설명하려고 그 자리에 섰다. 인류와 지구가 맞닥뜨린 문제의 원죄는 인간에게 있으며 그 문제를 해결하기 위해선 창의적이고 체계적인 접근법이 필요하다는 사실을 설파했다. 그러면서 17가지 목표를 설정한 이유가 거기에 있음을 알렸다.

놀라움은 거기서 그치지 않았다. 연설을 마친 후 반기문 총장은 전 세계 광고회사의 6대 홀딩 컴퍼니 회장을 단상으로 불러냈다.

2018년 칸 라이언즈는 수상 부문에 지속가능발전목표SDGs를 포함했다.

6대 홀딩 컴퍼니인 WPP, 옴니콤Omnicom, 퍼블리시스Publicis, 덴츠Dentsu, 하바스Havas, IPG에는 전 세계 내로라하는 광고회사들이 속해 있다. 그중 규모 면에서 당시 1위인 WPP 회장은 그 유명한 마틴 소렐이었다. 이 같은 거물들을 초대해서 반기문 총장은 지금까지 광고인들이 그들의 창의력을 발휘해 수많은 마케팅 문제를 해결해 왔으니 그 능력과 경험을 인류가 처한 문제 해결에 써달라는 요청을 했고 약속을 받았다. 도원결의의 현장이었다. 그 모든 사람이 한자리에 모일 수 있다는 사실만으로도 역사적이었다. 이들이 모인 이유가 지속가능한 솔루션을 만들자는 결의에 있었다는 점은 이 시대의 가치가 무엇인지를 웅변으로 보여주는 사례였다.

그로부터 2년 후인 2018년 칸 라이언즈는 마침내 수상 부문에 지속가능발전목표SDGs를 포함했다. 영화제로 치자면 작품상, 감독상, 남우·여우주연상과 같은 부문에 지속가능상을 신설한 것이다. 2년여의 준비 과정을 거쳐 유엔이 설정한 지속가능발전목표SDGs에 대한 솔루션을 심사하고 그중 우수한 아이디어에 상을 주기로 한 것이다. 이어 2020년에는 칸 라이언즈와 함께 세계 톱 3 크리

2020년 원쇼 역시 수상 부문에 지속가능발전목표 SDGs 부문을 추가했다.

에이티브 페스티벌인 뉴욕의 원쇼One Show에서도 유엔과 양해각서 MOU를 맺고 지속가능발전 펜슬Sustainable Development Pencil 부문을 신설했다. 런던의 D&AD 역시 지속가능 임팩트Sustainable Impact 부문이 있다. 이처럼 지속가능발전목표SDGs 부문 신설은 브랜드 액티비즘의 역할을 더욱 중요하게 만드는 계기가 됐다. 여기에 출품된 모든 솔루션은 바로 지속가능발전목표SDGs가 제시한 문제점들을 브랜디드 솔루션으로 해결한 것이기 때문이다.

이 부문에서 수상한 그 빛나는 아이디어의 값어치는 몇몇 예술가들이 하나의 표현 방식을 고안해서 같은 패턴을 수십 년 동안 만들고 설치하는 것과는 비교할 수 없다. 또는 3~4년에 한 편씩 발표되는 영화와도 비교할 수 없다. 새로운 문제에 부딪칠 때마다 적시에 새로운 솔루션을 제시해야 하기 때문이다. 아이디어의 재활용이나 재생은 존재하지 않을뿐더러 아이디어 발상에서 실행까지의 순발력은 비교를 허락하지 않는다. 그 자부심이 전 세계 광고 크리에이터들을 버티게 하는 힘이다. 그렇기에 수상작에는 아낌없는 박수와 격려가 쏟아지고 전 세계에 벤치마킹 사례로 전파되며 수상자는 봉준호 감독이 「기생충」으로 전 세계의 조명을 받았던 것 이상의 명성을 얻는다. 광고가 상업적 영역이기에 언론이 다루지 않아 대중이 모를 뿐이다. 광고가 상업적 영역에만 머물던 시대를 이미 완전히 벗어났는데도 말이다. 반기문 총장이 제품 판매를 올려달라고 칸에 모습을 드러낸 것은 아니지 않은가.

지속가능발전목표 부문 첫 번째 그랑프리는 「팔라우 서약」이다

2018년 칸 라이언즈의 지속가능발전목표SDGs 부문 첫 번째 그랑프리를 차지한 프로젝트는 팔라우섬의 환경을 지키기 위한 「팔라우 서약Palau Pledge」이었다. 북위 7도 21분 38초, 동경 134도 28분 45초, 남태평양의 서부에 팔라우라는 섬이 있다. 2012년 유네스코 세계유산으로 등재돼 세상에 알려졌고 우리나라엔 신혼여행지로 주목받으면서 유명해졌다. 알고 보면 팔라우는 갖가지 바다생물이 살아 숨 쉬는 청정 지역으로 다이버들의 성지로도 추앙받는다.

그런데 팔라우는 지구온난화로 인한 해수면 상승으로 점점 가라앉고 있는 섬나라 중 하나이기도 하다. 환경파괴로 인해 국가의 존립 자체가 위태로움에 처한 것이다. 해수면 상승뿐 아니라 여러 가

2018년 칸 라이언즈의 지속가능발전목표SDGs 부문 첫 번째 그랑프리를 차지한 「팔라우 서약」은 팔라우섬의 환경을 지키기 위한 관광객 계도 프로젝트다.

지 악재가 팔라우를 위협하고 있다. 가까운 인도네시아와 필리핀에서 플라스틱 등 해양 쓰레기가 조류를 타고 밀려와 팔라우를 오염시키고 있다. 또한 한 해 팔라우를 찾는 관광객 수가 팔라우 인구의 8배가 넘는다. 이들이 버리고 가는 엄청난 쓰레기도 큰 골칫거리다. 팔라우는 국토 면적이 크지 않은 섬나라이기에 정부 입장에서 폐기물 처리는 가장 곤혹스러운 일 중 하나다. 이를 방치한다면 섬 전체가 쓰레기 처리장이 될 것이 뻔하기 때문이다. 그렇다고 국가 재정의 60%를 관광산업에 의존하는 상황에서 입국하는 관광객 수를 통제할 수도 없는 노릇이다. 그러다 보니 여기저기서 적신호가 나타나기 시작했다. 세계에서 유일한 젤리피시 천국으로 알려졌지만 엘니뇨의 영향과 관광객의 무분별한 환경 훼손으로 젤리피시가 모습을 감추었다. 그 아름답던 산호도 백화현상으로 하얗

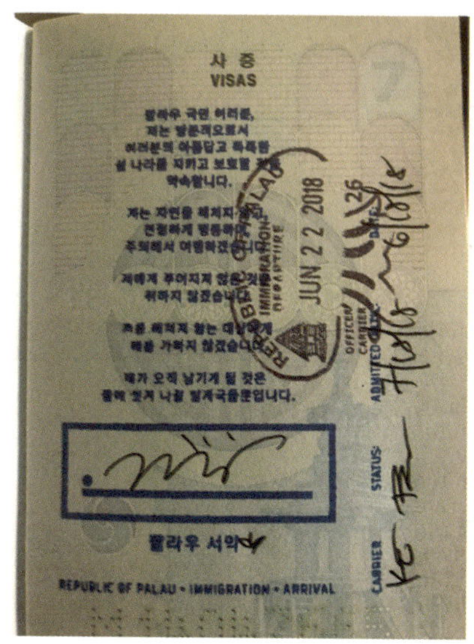

「팔라우 서약」의 핵심은 입국할 때 여권에 찍어주는 스탬프다. 스탬프엔 자연을 훼손하지 않겠다고 서약하는 내용이 담겨 있다.

게 변했다. 산호가 병들면 바다 생태계가 바로 병들게 된다. 이는 육지로 연결돼 인간에게도, 육상 동식물에게도 영향을 미친다. 한마디로 자연을 벗 삼고 상품 삼아 살아왔던 나라가 총체적 재앙에 맞닥뜨리게 된 것이다.

이에 팔라우 정부와 환경단체는 글로벌 광고회사 퍼블리시스의 아이디어를 받아들여 팔라우섬의 환경보호에 대한 관광객의 인식을 높이는 솔루션을 개발했다. 섬 주민 수의 8배인 관광객의 마음가짐이 변하는 것이 무엇보다 중요하기 때문이다. 이 솔루션의 핵심은 입국할 때 여권에 찍어주는 스탬프다. 스탬프엔 자연을 훼손하지 않겠다고 서약하는 내용이 담겨 있다. 관광객은 스탬프에 적혀 있는 내용을 읽은 후 서명란에 서명해야 팔라우에 발을 디딜 수 있다. 외국에 도착했을 때 관광객이 처음 통과해야 하는 것이 입국

심사다. 그곳에서 팔라우에 대한 첫인상으로 '환경보호'라는 콘셉트를 강렬하게 각인하는 전략이었다. 「팔라우 서약」 스탬프는 가장 적은 비용으로 주의를 환기하는 가성비 높은 환경보호 솔루션이었다. 입국할 당시 여권에 찍힌 스탬프의 글귀를 읽으면서 참 대단한 아이디어라 생각했던 기억이 생생하다.

"팔라우 국민 여러분,
저는 방문객으로서
여러분의 아름답고 독특한 섬나라를
지키고 보호할 것을 약속합니다.

저는 자연을 해치지 않고
친절하게 행동하며
주의해서 여행하겠습니다.

저에게 주어지지 않은 것은
취하지 않겠습니다.

저를 해치지 않는 대상에게
해를 가하지 않겠습니다.

제가 오직 남기게 될 것은
물에 씻겨 나갈 발자국뿐입니다."

우연의 일치였을까. 필자는 현지에서 「팔라우 서약」 프로젝트가 막 시작됐을 무렵인 2018년 5월과 6월에 걸쳐 팔라우를 두 번 방문했다. '기후난민Climate Refugees'의 콘셉트를 하나투어문화재단에 제안했고 제안이 받아들여져 남태평양의 섬나라가 직면한 환경오염 문제에 대한 솔루션을 찾고자 떠난 여정이었다. 정치적 난민뿐 아니라 기후변화로 나라를 잃을 처지에 놓인 난민도 존재한다는 경각심을 불러일으키기 위한 것이었다. 첫 번째는 답사였고 두 번째는 해양학자, 저널리스트, 인문학 교수, 아티스트, 건축가, 사진가 등으로 팀을 꾸린 탐사였다. 우리는 해당 기관장들과 미팅도 했고 해양의 현장 경험이 많은 어부들과 인터뷰도 진행했다. 무엇보다 폐기물 처리장을 방문했던 것이 팔라우의 환경보호 생태계를 이해하는 데 큰 도움이 됐다.

귀국하기 하루 전 누군가가 나를 만나고 싶다는 연락을 팔라우 기관장으로부터 받았다. 만나 보니 그들이 바로 「팔라우 서약」 프로젝트를 기획한 사람들이었다. 그들은 「팔라우 서약」에 대한 홍보 영상을 만들었는데 효과적으로 활용할 방법에 대한 의견을 얻고 싶다고 했다. 우리가 같은 목적을 가지고 팔라우에 머물고 있다는 말을 전해 들었기에 뭔가 팁을 얻을 수 있다고 생각한 것이다. 나는 팔라우로 취항하는 비행기 좌석의 모니터에서 보여주는 것이 좋겠다는 의견을 전했다. 비행기 안에서 한 번 환경 백신을 맞고 입국하면서 두 번째 백신을 맞는 셈이 되는 것이니까 효과가 배가될 것이라는 의견이었다. 그중 선임이었던 디렉터가 좋은 의견이라며 고맙다는 말을 하던 중 문자를 확인하더니 "우리 프로젝트가 상을 좀 받았다는데요?" 하는 것이었다. 무슨 상인지 몰라도 축하한다는 말을 전하고 자리를 떴다.

귀국 후 며칠이 지나 내 여권에 찍힌 스탬프 프로젝트가 칸 라이언즈에 처음 개설된 지속가능발전목표SDGs 부문에서 그랑프리를 수상했다는 소식을 들었다. 그들이 받았다던 상이 바로 칸 라이언즈의 그랑프리였다니! 우연이라고 하기엔 너무 맞아떨어지는 필연과 같은 팔라우와의 운명을 느꼈다. 그 많은 지구촌 문제 중 남태평양 섬의 환경 문제를 다뤄보자는 의견이 채택됐고, 그 많은 섬 중 하필 우리가 찾아간 곳이 팔라우였고, 비슷한 시기에 같은 생각을 가진 누군가 솔루션을 찾고자 선택했던 섬 역시 팔라우였던 것이다. 이 지구상의 누군가가 같은 생각을 공유하고 있다는 사실만으로도 행복한 경험이었다.

산업화 이후 지구의 온도는 계속 상승해 왔다. 당시와 비교해 지구 온도가 2도 상승한다면 지구는 멸망할 것이란 관측이 나왔다. 지구는 자정작용을 하기에 어느 정도 훼손돼도 곧 생태계의 균형을 유지하지만 임계치를 넘어서면 어떤 일이 발생할지 예측할 수 없다고 한다. 그 임계치가 바로 지구 온도 2도 상승이다. 현재 1.2도가 상승한 상태인데 전 세계는 1.5도를 넘기지 않는다는 목표 아래 2050년까지 탄소배출 0을 달성하는 탄소중립을 선언한 상태다. 지켜질 것이다. 아름다운 섬 팔라우가 물에 잠기지 않기를 진심으로 기원한다.

3.
DEI로 재구성하는 지속가능의 브랜디드 솔루션

지속가능 사회의 핵심 가치는 다양성, 형평성, 포용성이다

지금 지구상에서 펼쳐지는 지속가능 어젠다는 결국 DEI, 즉 다양성Diversity, 형평성Equity, 포용성Inclusion으로 수렴된다. 지구가 하나의 마을이라는 지구촌 시대라 불리지만 여전히 빈부격차와 기회의 불균형, 남녀 갈등, 난민과 성소수자에 대한 편견이 작동되는 세상이다. 불평등과 불균형은 갈등을 낳는다. 그중에서도 여권신장과 성정체성 주제는 식지 않는 뜨거운 주제다. 저개발 국가의 여성 인권과 보건만 문제가 아니다. 선진국의 남녀 격차 문제도 아직 제대로 해결하지 못한 상태다. 성소수자에 대한 사회의 충분치 못한 배려는 새로운 형태의 사회 갈등을 견인하고 있다.

일전에 몇몇 교수님과 저녁을 하는 자리에서 사회복지과 교수님이 우리나라의 높은 자살률에 우려를 나타냈다. 상식적으로 알고 있듯 우리나라는 경제협력개발기구OECD 국가 중 자살률이 제일 높고 출산율이 제일 낮다. 자살률이 높다는 것은 현재가 암울하다는 것이고 출산율이 낮다는 것은 미래가 낙관적이지 않다는 것이다. 통계는 현실을 해석할 수 있게 만든다. 대한민국에 산다는 것에 자부심을 느끼게 하는 데이터는 아니다.

특히 자살에 관한 연구에 관심이 높은 그 교수님의 말 중에 내 관심을 끈 것은 대한민국 20, 30대 여성의 자살률이 높다는 점이었다.[2] "왜 그런가요?"라고 물었더니 상존하는 우울증이 큰 문제라 했다. 우울증엔 여러 요인이 있을 수 있겠지만 대학 시절까지는 능력을 발휘하던 자신이 사회에 진출했을 때 남성 중심 사회의 결탁된 권력이 빚어내는 차별에 대한 자괴감과 증오심, 더욱이 결혼했을 때 거의 홀로 육아와 가사 일을 담당해야 하는 부담감 등이 큰 압박 요인으로 작용한다고 했다.[3] 조남주 작가의 장편소설 『82년생 김지영』에서 충분히 묘사됐던 내용이기도 하다. 기사를 좀 더 찾아보니 다음과 같은 내용을 접할 수 있었다.

"세계보건기구WHO의 1985~2015년 자살사망자 통계를 활용해 연령별 자살사망률에서 가장 평균인 1951년생을 기준으로 잡고, 5년씩 구분해 자살률이 어떻게 달라지는지 알아봤다. 한국의 경우 출생연도가 비교적 최근일수록 자살사망률이 급격히 증가했다. 1956년생 여성에 비해 1970년생 여성이, 1970년생 여성에 비해

1997년생 여성의 자살률이 높았다. 1951년생 여성에 비해 1982년생 여성의 자살률은 5배 높았고 1986년생과 1996년생은 각각 6배와 7배 높은 것으로 나타났다. 현재 37세인 1982년생 여성들이 현재 68세인 1951년생 여성들보다 5배 이상 더 많이 극단적 선택을 했다는 뜻이다."[4]

이렇게 행복하지 못한 환경은 비혼과 저출산으로 이어진다. 여성의 높은 자살률과 낮은 출산율은 샴쌍둥이 같은 존재다. 조금 길 정도로 대한민국 여성의 행복하지 않은 삶에 대해 언급한 것은 이것이 여권신장 운동의 중추신경이기 때문이다. 전 세계적으로 남권신장 운동이 활발하지 않은 것은 이 세상이 여전히 남성 중심으로 구동된다는 것을 의미한다. 그들은 누리는 존재고 특히 저개발국가에선 여성을 도구로 취급한다. 최초의 남자 아담은 히브리어로 '사람'을 뜻하는 고유명사라 한다. 달리 말해 애당초 여자는 사람이란 범주의 절대 기준이 아니었던 것이다.

여권신장을 위한 페미니즘 운동은 저널, 논문, 방송 등을 통해 많이 알려져 왔다. 그리 길지 않은 역사의 페미니즘 운동이지만 지금까지 강력한 임팩트를 사회에 던졌다. 그러나 갈 길은 멀다. 인도에서는 아직도 여성들이 윤간을 당하고 가족에게도 더러운 인간으로 낙인찍히는 2차 피해를 당하는 일이 빈번하다. 반면 2018년 사우디아라비아에서는 여성의 운전면허 취득이 가능해져 늦었지만 다행인 변화도 있다. 더뎌도 해결하려는 움직임이 계속돼야 하는 이유다.

젠더 평등은 지속가능발전목표SDGs의 5번째 항목으로 지정돼 그 중요성이 더욱 부각되고 있다.

21세기 현재 페미니즘과 성소수자 인권은 젠더 평등Gender Equality의 두 축을 형성하고 있다. 이제 젠더 평등은 사회의 모순을 극복하는 운동의 대표적인 용어 중 하나로 자리 잡았다. 특히 유엔이 정한 지속가능발전목표SDGs의 5번째 항목으로 지정됨에 따라 체계적 접근을 통해 솔루션을 제공해야 하는 전 지구적 사명으로 자리 잡았다. 여성과 성소수자의 인권 문제를 정의하고 해결하는 사회운동의 푯대가 된 것이다.

브랜디드 솔루션으로 글로벌 젠더 불평등을 해결한다

하나 더 주목할 게 있다. 근래에 여권신장에 대한 주제와 해결 방법이 다양해지고 있다. 지금까지는 주로 인도나 아프리카 등 저개발 국가의 여성 인권, 즉 취약한 보건과 교육, 성착취, 성폭력 등이 주로 해결해야 할 정치 사회 문제였다. 최근엔 선진국에서 발생

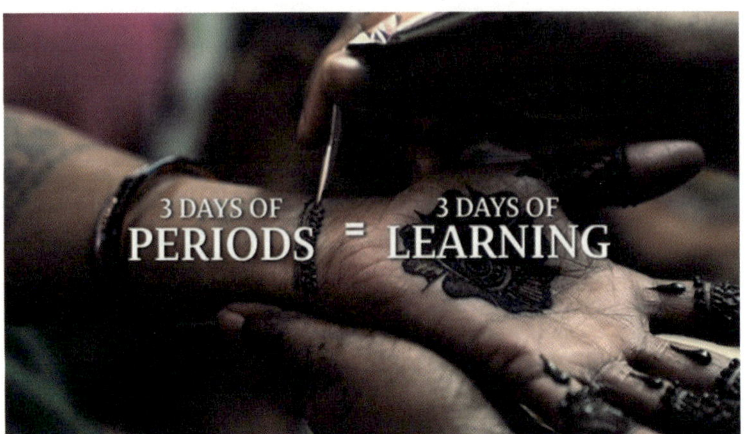

"프로젝트 프리 피리어드" 프로젝트는 인도의 성노동자가 쉴 수 있는 생리 기간 3일을 교육 프로그램으로 구성했다.

하는 남녀 간 인건비 격차나 기회 불균등을 다루는 솔루션이 갑자기 많아졌다. 새로운 정치 사회 문제가 주목받는 것은 해결해야 할 문제점이 부각된다는 것을 의미하는 것이기에 반가운 일만은 아니다. 여성 인권의 현실은 이처럼 선진국과 저개발국 모두를 아우르는 다층적인 구조적 문제 속에 놓여 있다. 이 구조적 문제에 브랜드가 어떤 솔루션을 내놓았는지 브랜드 액티비즘 관점에서 네 가지 사례를 들어보겠다.

첫 번째 사례는 인도의 여성 위생용품 기업 스테이프리 인디아Stayfree India가 시행한 '프로젝트 프리 피리어드Project Free Period'다. 여성 인권을 다룰 때 항상 좋지 않은 사례로 등장하는 나라가 인도다. 성적 억압, 교육 차별, 사회적 지위 등 거의 모든 분야에서 그렇다. 여전히 카스트제도가 존재한다면 불가촉천민(수드라) 계급에 해당하는 것이 하층 여성일 것이다.

어떤 여성에게 생리는 아마도 코로나19처럼 이 지구상에서 없어져 버렸으면 하는 골칫거리일 수도 있다. 하지만 생리 기간이 꼭 있어야 하는 사람들이 있다. 인도 사창가에서 성을 파는 여성들이다. 생리 기간 3일만큼은 손님을 받지 않고 쉴 수 있기 때문이다. 말로 표현 못 할 가슴 아린 현실이다. 누구에겐 없었으면 하는 3일이 누구에겐 꼭 있어야 할 3일이다. 그들은 이 3일 동안 아이들과 쉬거나 빨래 등 밀린 일을 한다.

스테이프리 인디아는 성을 파는 여성들의 미래를 위해 뭔가를 구상할 수 있는 것은 단 3일인 생리 기간뿐이란 점에 착안해 이들의 미래를 위한 작은 투자를 시작했다. 인도의 로컬 비정부기구 페르나Perna와 함께 솔루션 개발을 위해 전문가들과 협업하여 직업교육 프로그램을 기획하고 그들을 교육시켰다. 예를 들면 마사지, 헤나 디자인, 양초 제작 등이다. 새로움을 익히지 않고는 새로운 미래를 꿈꿀 수 없기 때문이다. 자신뿐만 아니라 자신의 직업을 물려받을 가능성이 큰 딸아이의 미래를 위해서도 이는 필요한 일이었다. 그렇지 않아도 인도에서 생리는 불결한 것으로 여겨져 생리 기간 중인 여성은 사원에 가거나 심지어 부엌에 들어가는 것까지 금기시하고 있다. 그러나 이 교육 프로그램은 그들의 생리 기간을 가장 순결하고 고귀한 순간으로 바꿔놓았다. 통계를 보니 프로젝트 이후 10만 일의 생리일이 배움의 날로 탈바꿈했다. 또한 이 프로젝트는 인도에서 가장 금기시되는 매춘부와 생리에 대한 새로운 시

세계 여성의 날을 기념하기 위해 뉴욕 월가에 세워진 소녀 동상은 맞은편에 있는 남성성의 상징인 황소를 늠름하게 쳐다보고 있다.

선을 요구하는 사회적 어젠다를 끌어냈다. 무엇보다 그들이 지금의 비참한 상황을 벗어날 꿈을 꾸게 하고 악순환의 사슬을 끊는 결심을 하게 했다는 것이 가장 큰 성과일 것이다.

두 번째 사례는 선진국 미국에서 펼쳐진 퍼포먼스다. 그 퍼포먼스의 주인공은 사람이 아니라 가녀린 그러나 당찬 소녀의 동상이다. 세계 3대 자산운용사 중 하나인 SSGAState Street Global Advisors가 펼친 '피어리스 걸Fearless Girl'이란 제목의 퍼포먼스 프로젝트다. 2017년 3월 7일 뉴욕 맨해튼 남쪽 월스트리트에 세계 여성의 날(3월 8일)을 기념하기 위해 작지만 당당한 소녀상 하나가 세워졌다. 소녀는 두 손을 허리에 얹고 맞은편에 있는 월가의 상징인 황소를 늠름하게 쳐다보고 있다. SSGA가 주도한 이 프로젝트는 21세기인 지금도 기업과 단체가 남성 위주로 운영되는 것에 반기를 든다. 여성 리더십의 힘과 중요성을 설파한 것이다.

SSGA는 '젠더 다양성 지수Gender Diversity Index' 펀드의 1주년을 기념하기 위해 이런 아웃도어 퍼포먼스를 펼쳤다. 젠더 다양성 지수는 시니어 리더십에 여성을 포진시킴으로써 젠더 다양성을 실현한 기업을 지지하는 활동을 펼친다. 소녀의 발치에는 '여성 리더십의 힘을 믿어라. 그녀가 차이를 만든다Know the power of woman in leadership. She makes a difference.'라고 적혀 있다. 작가 크리스틴 비스벌Kristen Visbal이 만든 이 설치물은 이곳을 찾은 수많은 관광객의 눈길을 끌었으며 기념 촬영 명소로 자리 잡았다. 이곳을 지나치던 많은 사람이 소녀와 똑같은 포즈를 취하며 남성 권력으로 상징되는 황소를 가소롭다는 듯 쳐다보는 일상이 연출됐다. 공공 설치 예술의 힘이 사회에 큰 영향을 미칠 수 있음을 보여준 사례다. 세계 여성의 날을 프로모션의 테마로 잡은 점, 늘 사람들로 붐비는 곳이자 남성성의 상징인 월가의 황소상 앞을 장소로 택해 대중의 인식을 높이고자 한 점이 이 솔루션의 영리함이다.

이 브랜디드 솔루션은 740만 달러의 가치를 지닌 홍보 효과를 얻어냄으로써 여성 리더십을 부각하려는 애초의 목적을 충분히 달성했다. 또한 세계 최고 선진국인 미국이 직면한 여권신장이라는 문제를 다루고 있다. 이는 저개발 국가에서 빈번히 발생하는 여성에 대한 폭력과 종교적 성차별 등과는 다른 차원의 문제를 제기한 드문 사례로서 의의를 지닌다.

세 번째 사례는 2019년 6월 비엔나관광공사Vienna Tourist Board가

세계 최초의 인공지능 결혼식을 치른 시리와 알렉사는 게이 커플이었음이 밝혀진다.

주도한 프로젝트다. 비엔나관광공사는 범유럽 성소수자 축제 유로 프라이드Euro Pride를 개최하면서 특별 이벤트를 준비했다. 세계 최초로 '인공지능 결혼식'을 치른 것이다. 우리 일상에서 가장 친숙한 인공지능인 시리Siri와 알렉사Alexa의 결혼식이었다. 그런데 여기서 또 한 번의 반전이 일어났다. 이 둘은 게이 커플이었다는 사실이 밝혀진다. 세상에 그 둘이 게이였다니! 이 유별난 이벤트는 비엔나에서 열리는 게이 축제를 돋보이게 했다. 더욱이 유로 프라이드 2019 행사는 2019년 1월 1일부터 모든 종류의 결혼을 지지하기로 한 비엔나시를 홍보하기에도 적절한 타이밍이었다.

해마다 전 세계에선 셀 수도 없이 많은 축제가 열린다. 주최 측에서는 매번 새로운 무엇인가를 궁리한다. 그래도 인공지능 결혼에 버금가는 깜짝쇼를 생각해 내지는 못했다. 시리와 알렉사는 서로를 자연스럽게 와이프라 부르며 결혼 선서를 하고 동성 결혼의 신기원을 이룬다. 인공지능 시대에나 가능한 인공지능적 아이디어다. 영상 마지막 부분에는 '비엔나는 LGBTQIA와 심지어 인공지능에게까지, 모든 이에게 사랑이 싹트는 곳입니다.'란 내용의 자막이 뜬다. 인공지능 결혼식이란 특별한 이벤트를 통해 성소수자의 주목도를 높이고 동시에 자유로운 영혼의 도시로서 비엔나를 잘 부각한 창의적 솔루션이라는 점에서 열광적인 호응을 받았다. 이후 전 세계 게이 커플들은 나름의 방식으로 시리와 알렉사의 결혼 세리머니를 만들면서 자신들의 관계를 축하했다. 그 결과 시리와 알렉사의 결혼은 게이 커플 결혼의 상징처럼 됐다.

이 프로젝트는 게이 커플의 당당한 행보를 알리는 가장 독창적인 사례로 꼽히면서 효과적인 인식 높이기의 모범 사례로 자리매김했다. 듣지도 보지도 못한 동성 인공지능의 결혼이란 아이디어로 젠더 평등을 색다르게 주창한 것도 놀랍지만 우리로 치면 관광공사와 같은 관공서에서 이런 용감한 아이디어를 실행했다는 사실이 또 한 번 놀라움을 선사한다.

네 번째 사례는 필자가 기획한 2020년 전남일보 '젠더 평등 캠페인'이다. 지금까지 주로 페미니즘 운동은 여권신장을 위한 사회운동이 중심이었다. 그것을 통해 투표권 획득, 직장 내 젠더 평등, 가부장제 타파 등의 여권신장을 이뤄냈다. 그러나 "인류는 남성이며 남자는 여자를 그 자체로 정의하는 것이 아니라 자신과 비교해 정의한다. 여자는 자율적 존재로 간주되지 않는다. (…중략…) 남자

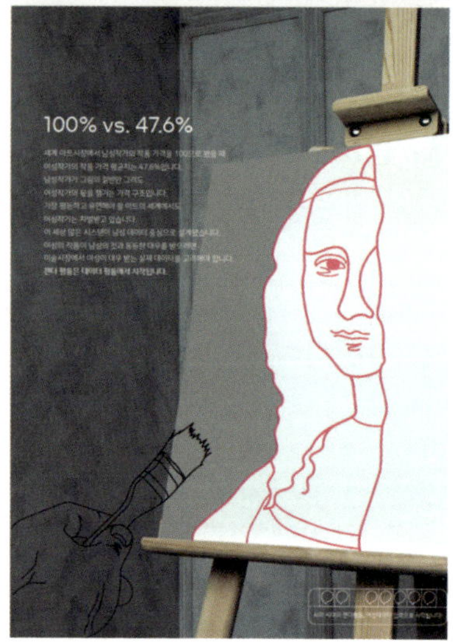

새로운 관점에서 젠더 평등을 제시한 이 프로젝트는 인공지능 시대엔 여성 데이터 공백 메우기에서 젠더 평등이 시작돼야 함을 강조한다.

는 주체이자 절대다. 여자는 타자다."라 외쳤던 시몬 드 보부아르 Simone de Beauvoir의 선언이 21세기에도 지속되고 있는 현실이다.

새롭게 발견된 불평등은 오랜 시간 존재해 왔으나 우리가 모르게 일상에 틈입해 있던, 남성 위주로 디자인된 데이터 불평등이다. 가령 피아노 건반의 설계는 남성 손 크기에 맞춰 제작돼 여성의 손가락이 휘거나 손목, 어깨, 허리에 무리가 가는 상황이 발생한다. 대부분의 실내 온도는 섭씨 23도에 맞춰 있어 여성이 쉽게 추위를 느끼고 감기에 걸리기도 쉽다. 이는 실내 온도를 40세 70킬로그램의 남성의 기초 대사율에 맞췄기 때문이다. 전 세계 미술품 시장의 남성 작가의 작품 가격을 100으로 봤을 때 여성 작가의 평균치는 47.6%다. 이것 역시 남성 중심의 데이터값을 기준으로 설정한 것이다. 예를 들자면 한도 끝도 없다. 이 젠더 평등 프로젝트는 여성 데이터 공백 메우기를 콘셉트로 설정해 젠더 평등은 데이터 평등에서 시작해야 한다는 논지를 제시한다. "이 세상에 많은 시스템이 남성 데이터 중심으로 설계됐습니다. 인공지능 시대의 젠더 평등은 여성 데이터 입력에서 시작됩니다."라는 핵심 메시지를 전달하고자 하는 것이 목적이었다.

4.

브랜드의 품질보다
브랜드의 태도를 보는 MZ세대

MZ세대는 지속가능성을 라이프스타일로 받아들인다

미래의 주역이 될 MZ세대의 가치관을 살펴보면 지속가능 사회와 관련한 브랜드의 태도를 알 수 있다. 하나의 생태계가 된 지구에서 그들이 쏟는 주된 관심 분야는 인권과 환경이다. 이 둘은 지구인의 지속가능성을 담보하는 핵심 요소이기 때문이다. 기업에 대한 감시의 눈초리도 매섭다. 앞서 언급했듯 세계적인 정보 분석 기업 닐슨이 발표한 자료를 보면 20세 이하의 소비자 가운데 지속가능성을 담보한 브랜드를 구매하겠다는 비율이 75%다.

디지털 네이티브 세대인 MZ세대는 텍스트보다 영상 콘텐츠를 통해 정보를 습득하고 정체성을 형성한다. 이들에겐 지속가능성 문제(기후위기, 환경파괴, 사회적 불평등 등)가 영상으로 시각화될 때 더 깊은 공감을 불러일으킨다. 빙하가 녹는 장면이나 플라스틱으로 고통받는 해양 생물 영상 등은 글로 쓴 기사보다 훨씬 충격이 크다. 이들은 '스토리텔링과 이미지'를 통해 지속가능성 문제를 피부로 느끼기에 문제의식이 빠르게 공유된다. 또한 이들 유튜브 세대는 소비자에 머물지 않고 생산자와 발신자 역할을 동시에 하기에 지속가능성과 관련해 자신의 소비 경험(제로웨이스트 실천, 친환경 브랜드 사용, 기부 캠페인 참여)을 콘텐츠로 만들어 확산한다.

한마디로 MZ세대는 지속가능성을 라이프스타일 차원에서 받아들인다. 그렇기에 이들은 브랜드의 품질에 앞서 브랜드의 태도를 주의 깊게 본다. 제품이 아니라 '그 브랜드가 세상을 어떻게 바꾸고 있는가?'를 평가 기준으로 삼는다. 이 세대는 그린워싱도 빠르게 간파하며 진정성 있는 사회적 메시지를 요구하기에 기업은 이 세대를 위해 브랜드 액티비즘 수준의 실질적 변화를 내세워야 한다.

MZ세대 환경 행동주의의 중심에는 그레타와 보이안이 있다

이러한 운동의 중심에는 그레타 툰베리가 있다. 그는 2018년 15세 때 스웨덴 의회 앞에서 '기후를 위한 학교 파업Skolstrejk för klimatet'이라고 적힌 팻말을 들고 단식 시위를 시작했다. 이는 곧 '금요일 기후 행동Fridays for Future'이라는 세계적인 학생 운동으로 발전했다. 그는 이러한 생각을 행동으로도 옮겨 비행기 타기를 거부하고 풍력 기반 요트를 활용해 다른 대륙을 오가며 개인의 친환경 실천 의

MZ세대 환경 행동주의의 핵심인 그레타 툰베리는 '기후를 위한 학교 파업' 운동을 주도했다.

지를 강하게 보여주었다. 또한 유엔, 세계경제포럼 등 국제무대에서 탄소 배출 방지와 즉각적인 기후 행동을 요구하는 연설을 하며 영향력을 확장했다. 특히 해시태그 운동(#FridaysForFuture)으로 확산된 금요일 기후 행동은 2019년 3월 15일 전 세계 125개국에서 100만 명 이상의 학생들이 참여한 세계적인 시위로 성장했다. 이후 수백만 명이 동참하며 역사상 최대 규모의 기후 시위가 됐다. 또한 이러한 사회운동은 밈과 바이럴 영상을 통해 사회적 메시지를 놀이처럼 확산했다. 이런 참여형 문화가 기존 세대보다 훨씬 강하게 지속가능성 담론을 일상에 녹여내고 있다.

이러한 환경 혁신 운동의 또 다른 중심에는 네덜란드의 청년 발명가 보이안 슬랏Boyan Slat이 있다. 그는 16세 때 그리스 해안에서 스쿠버다이빙을 하던 중 바닷속에 물고기보다 더 많은 플라스틱 쓰레기가 떠다니는 광경을 보고 충격을 받았다. 그 순간 그는 '왜

보이안 슬랏은 환경운동을 공학적 솔루션으로 바꾼 최초의 MZ세대 혁신가다.

아무도 이걸 치우지 않는 걸까?'라는 단순한 질문을 던졌고 이 의문이 그의 인생을 바꿔 놓았다.

대학 재학 중 그는 해류의 흐름을 이용해 바다 위의 플라스틱이 스스로 모이게 하는 시스템을 고안했다. 그리고 이를 '오션 클린업Ocean Cleanup'이라 이름 붙였다. 2013년 그는 스무 살도 되기 전에 학교를 그만두고 비영리단체를 설립했으며 크라우드펀딩으로 220만 달러를 모아 실험 장비를 제작했다. 그러나 첫 번째 시스템은 실패했다. 장비가 부서지고 언론의 비난이 쏟아졌다. 하지만 그는 포기하지 않았다. "실패는 해양보다 깊지 않다."라는 그의 말처럼 그는 다시 일어서 2021년 두 번째 시스템으로 10만 킬로그램이 넘는 플라스틱을 수거하며 성공을 거뒀다. 이후 그는 강 위의 쓰레기를 차단하는 '인터셉터Interceptor' 시스템을 개발해 말레이시

'오션 클린업'은 수거펜스에 걸려든 플라스틱을 자동으로 분쇄장치로 흡입하도록 설계됐다.

아, 태국, 인도네시아 등 주요 하천에 설치했다.

보이안 슬랏의 철학은 '지속가능성은 죄책감이 아니라 창의성으로 완성된다.'는 신념에 있다. 그는 설교보다 실행을, 분노보다 협력을 믿었다. 그의 테드엑스TEDx 강연과 다큐멘터리 영상은 소셜 미디어를 통해 빠르게 확산되었다. 수백만 조회수를 기록하며 전 세계 청소년들에게 영감을 주었다. 수많은 10대가 그를 '바다를 구하는 엔지니어'라 부르며 자발적으로 해안 정화 활동과 플라스틱 줄이기 캠페인에 참여하기 시작했다. 인스타그램과 유튜브에서는 그의 아이디어를 따라 수거 장치를 직접 제작하는 오션 클린업 챌린지(#OceanCleanupChallenge)가 확산되기도 했다. 보이안 슬랏은 자신을 영웅이라 부르지 않는다. 대신 이렇게 말한다.

"나는 단지 바다를 사랑하는 한 사람일 뿐이다. 하지만 사랑이 행동으로 옮겨질 때 그것은 기술보다 강하다."

5.
브랜드가 가져야 할 '함께 멀리'의 생태철학

지속가능 사회 활동에 역행하면 역풍을 맞는다

착한 기업이 좋은 기업이라는 기치 아래 사회적 가치를 창출하고 지속가능한 사회를 함께 만들어가는 활동이 전 지구적으로 벌어지면서 이런 흐름과 역행하는 회사들은 역풍을 맞고 있다. 세계 최고 장난감 브랜드 레고LEGO는 2014년 50여 년간 협력 관계를 유지했던 거대 석유 기업 쉘Shell과 1억 1,000만 달러 규모의 계약을 종료했다. 쉘은 환경단체의 반대에도 불구하고 알래스카 원유 시추 작업을 벌여왔다. 이에 그린피스는 원유 유출의 위험성을 경고하는 동영상 '모든 것이 다 멋진 건 아니다Everything is NOT awesome.'를 만들어 북극 환경보호 캠페인을 펼쳤다. 주목할 점은 그

그린피스가 제작한 비디오 한 편이 레고로 하여금 50여 년간 협력 관계를 유지했던 거대 석유 기업 쉘과 1억 1,000만 달러 규모의 계약을 종료하도록 만들었다.

동영상이 처음부터 끝까지 레고를 이용해 제작됐다는 것이다. 결과적으로 그린피스는 레고를 압박해 말 안 듣는 쉘에 불이익을 준 셈이 됐다.

이 같은 현상은 기업이 친환경 정책을 포용하지 않는다면 기업의 위기관리에도 큰 영향을 준다는 사실을 입증했다. 앞으로도 이런 사례는 자주 나타날 것으로 예상한다. 무엇보다 투자자들이 그

동안 투자의 판단 근거로 삼았던 기업의 재무적 성과에만 초점을 맞추지 않는다는 것을 가시적으로 보여주기 때문이다. 이처럼 친환경 경영의 잣대는 지금도 앞으로도 가장 엄정하게 적용될 것이다. 석유화학이나 철강과 같은 탄소 배출이 많은 기업은 영업이익보다 탄소세 부과 액수가 더 커질 수 있다. 뼈 빠지게 일해 번 돈을 고스란히 세금으로 바치는 형국이 곧 닥칠 것이다. 국제 협약에 의한 결정이니 경제협력개발기구OECD 국가인 우리가 빠져나갈 방도도 없다. 이미 환경부에서는 2050년까지 탄소중립 실현을 공식 선언했고 그에 따른 이행 계획을 발표했다. 기업의 시스템과 인프라를 친환경으로 바꾸지 않는 한 생존할 방법이 없다. 구조조정 수준이 아니라 기업의 피를 바꿔야 하는 상황을 맞이했다.

게다가 환경 기업임을 내세우며 뒤로는 환경파괴를 일삼는 표리부동한 기업에 대한 고발이 이어지고 있다. 대부분의 글로벌 식품 회사들은 자신들이 세상에서 가장 규모가 큰 비정부기구라고 떠벌리거나 자사의 지속가능 프로젝트를 홍보한다. 그런데 알고 보면 제품 원료가 되는 쇠고기, 대두, 팜유 등의 공급을 확보하기 위해 전 세계의 산림을 파괴하고 있다. 이러한 '그린워싱'은 지속가능한 사회를 만들기 위한 노력이 솔루션 제공뿐만 아니라 비양심적 기업에 대한 감시와 규제를 마련하는 것에 이르기까지 다방면으로 이뤄져야 함을 알려준다. 이처럼 나누고 돌보는 가치에 역행하는 기업에 대한 감시와 규제 역시 지구의 지속가능한 생태계를 유지하려는 셰어앤드케어의 노력 중 하나다.

윤리경영에 기업의 존망이 달렸다

2011년 영국계 생활용품 기업 옥시레킷벤키저_{Oxy Reckitt Benckiser}는 한국 사회에서 사실상 회생 불가능한 수준의 신뢰 붕괴를 겪으며 브랜드가 가진 모든 긍정적 이미지를 잃었다. 1990년대 중반 한국 시장 진출 이후 세제 생활용품 분야에서 시장 점유율 90%라는 독보적인 위치를 점하며 성장해왔지만 가습기 살균제 옥시 사태는 이 기업의 역사를 완전히 다른 방향으로 뒤집어놓았다.

알다시피 옥시의 몰락은 단순히 '제품이 조금 문제가 있었다' 수준이 아니었다. 소비자 불만이나 시장 경쟁 관계처럼 기업들이 흔히 겪는 경영상의 어려움도 아니었다. 그것은 인명 피해로 이어진 제품 안전성 문제였고 더 큰 문제는 그 이후의 대응이었다.

정부는 이 사건으로 인해 약 1,814명의 공식 사망과 수천 명의 건강 피해가 있었음을 발표했다. 가습기 살균제가 임산부와 영유아의 폐 손상과 사망과 직결되었다는 사실이 밝혀졌다. 그런데도 기업은 책임을 인정하지 않거나 축소하려는 태도를 보였다. 내부 보고 무시, 독성 자료 은폐 가능성, 책임 회피 전략, 피해자 모욕적 대응 등 기업윤리 전체가 흔들릴 만큼의 심각한 문제가 드러났다. 특히 2016년 국정조사를 통해 확인된 '은폐, 축소, 기만'의 정황은 한국 사회 전체를 분노하게 만들었다.

무엇보다 치명적이었던 것은 이 사태가 아이, 임산부, 가족의 안전과 직결된 사건이었다는 점이다. 소비자들이 가장 기본적으로 신뢰하는 영역인 가족 건강을 기업 스스로 무너뜨린 것이다. 문제를 더 크게 키운 것은 이후의 홍보 전략이었다. 자중해도 모자랄 상황에서 옥시는 '자체 조사' 결과나 '과장된 의혹'이라는 식의 방어적 메시지를 반복했다. 이는 한국 사회의 분노를 걷잡을 수 없을 만큼 확대시켰다. 지금도 많은 사람이 왜 그런 선택을 했는지, 왜 피해자들의 고통을 있는 그대로 직시하지 못했는지는 이해하지 못한다. 이러한 윤리경영의 실패는 전 대표와 임원들의 형사처벌로 이어졌으며 불매 운동으로 매출이 급락했고 브랜드 이미지는 급추락했다.

2021년 남양유업이 사모펀드에 운명을 맡기고 1964년 창립 후 57년의 역사를 마감했다. 새로운 경영진이 회사의 미래를 기획하겠지만 창업 이후 3대째 이어온 역사는 일단 막을 내린 것이다. 우리나라를 대표하는 유제품 기업으로 갓난아기의 주식인 분유에서 청소년과 성인의 건강을 지키는 부식을 공급했던 역사가 마감된 것이기도 하다.

알다시피 남양유업의 몰락은 제품에 문제가 있어서가 아니었다. 시장 판도에 변화가 있어 경영에 타격을 입었다거나 원료를 공급하는 낙농업자들에게 문제가 있었다는 것은 더더욱 아니었다. 최고경영자의 갑질, 악행 은폐, 언론 조작 등 기업경영의 윤리에 문제가 있었다. 무엇보다 남양유업 제품 불가리스가 코로나바이러스 예방 효과가 있다는 허위 사실 유포로 유죄 판결을 받은 것은 치명적이었다. 타는 장작에 기름을 부었다. 자중해도 모자랄 판에 왜 그런 자충수를 두었는지 아직도 이해가 안 된다. 하지만 위기관리

능력에 손쓸 수 없는 문제가 발생했음은 분명한 사실이다.

　남양유업 사태는 최근 강화되는 기업의 ESG 경영의 중요성을 생생하게 입증한 사례다. 그중 윤리경영이 으뜸 잣대로 자리한 거버넌스 지침을 제대로 따르지 못한 것이다. '잘살아보세!' '막 달려보세!'로 요약되는 1960~1970년대 대한민국 개발독재 산업화 시대의 옷을 아직도 입고 있었다. 당시는 일단 먹고사는 문제부터 해결해야 했기에 질 좋은 제품을 양산하는 것이 기업 평가의 우선순위였다. 그러나 지금은 질 좋은 제품은 기본이고 착한 기업인지 아닌지가 기업을 판단하는 주요 지표가 됐다. 비재무 분야의 기업 평가에서 기존 기업의 사회적 책임CSR 활동은 잘하면 더욱 격려해 주는 당근 정책이었다. 그러나 ESG는 수행하지 않으면 채찍을 맞게 된다. 기업의 사회적 책임CSR엔 기업의 가치가 달려 있지만 ESG엔 기업의 존망이 달려 있다. 2020년 자유기업원에서 실시한 대한민국 대학생 1,009명을 상대로 한 설문조사에서는 심지어 주식 거래를 할 때도 ESG 등급이 우수한 기업을 투자 대상으로 삼겠다고 응답한 비율이 80.3%였다. 가성비가 최우선인 시대는 막을 내렸다. 그러나 일부 '나를 따르라!'를 외치던 자수성가 경영자들이 이러한 시대의 흐름을 무시하는 태도로 일관했던 것이다.

　대한항공 사례도 유사하다. 티케팅에서 보딩을 거쳐 기내에 머무는 모든 과정에서 대한항공 승무원의 서비스는 세계 최상위급이다. 영국의 항공 평가기관 스카이트랙스Skytrax가 전 세계 325개 항공사를 대상으로 2024년 9월부터 2025년 5월까지 2,100만 건 이상의 승객 평가를 집계해 발표한 순위에서 대한항공은 7위를 차지했다. 또한 에어라인레이팅스AirlineRatings가 선정한 2025년 세계 최고의 항공사 1위에 오르기도 했다. 그러나 대한항공 오너 가족들이 줄줄이 포토라인에 섰던 것은 그들의 갑질 때문이었다. 직원에게 막말하고 협력사 직원에게 물건을 던지고 사무장의 태도가 마음에 안 든다고 항공기를 회항시킨 무지하고 무례한 태도가 화를 자초했다. 물론 본인들은 그게 무슨 문제냐고 판단했을 테다. 경영자의 미천한 윤리의식이 기업가치에 치명타를 입힐 줄은 꿈에도 생각하지 못했을 것이다. 한마디로 세상은 바뀌었는데 본인만 안 바뀐 것이다.

이제 윤리경영에 문제가 생겨 글로벌 명품 브랜드가 죄인취급 받거나 60년 가까이 된 기업이 사모펀드에 회사를 팔거나 기업 총수 일가가 포토라인에 서는 일은 더 이상 일어나지 않았으면 좋겠다. 좋은 브랜드란 '기업의 좋은 생각이 담긴 브랜드'를 뜻하는 시대에 살고 있다는 사실을 마음에 새겨야 할 것이다.

지금까지 언급한 셰어앤드케어 문화는 우리가 살고 있는 지구를 하나의 생태계로 인식하게 하고 그 생태계에서 발생하는 문제들을 함께 해결해 나가자는 동류의식이 확산되는 데 큰 영향을 미쳤다. 20세기 초반 열강의 제국주의 시대를 겪으며 영토를 확장하고 저개발국을 식민화하려던 지구의 정치 생태계가 불과 반세기 만에 공유와 공존의 새로운 영역으로 진입한 것이다. 자국의 이익을 최대화하려는 열강의 정치적 입장이 변한 것은 아니지만 동시에 '함께 멀리'라는 생태철학이 들불처럼 번져나가고 있다. 한 개인을 떠나 지구라는 작은 행성에 함께 사는 지구인으로서 받아들이고 실천해야 하는 일상의 과제가 우리 앞에 놓여 있다.

[4장]

브랜드 액티비즘의 핵심은 크리에이티브 솔루션

광고 크리에이티브계는 빌 게이츠와 같은 인플루언서, 유엔과 같은 국제기구, 글로벌 기업, 비정부기구와 같은 조직과 협업해 지속가능한 솔루션을 만들어내는 데 더욱 힘쓰고 있다. 이번 장에서는 최근 10년간 우리 인식을 변화시키고 사회의 모순과 갈등을 해결한 명품 창의적 솔루션Creative Solutions 35가지를 10개 카테고리로 묶어 소개한다. 이 35가지 솔루션은 칸 라이언즈Cannes Lions, 원쇼One Show, 디앤에이디D&AD, 런던국제광고제LIA 등 세계 유수의 크리에이티브 페스티벌에서 수상한 프로젝트다. 그만큼 전파력도 강해 전 세계 마케팅, 브랜딩, 광고, IT 그리고 학계에 활발하게 공유되고 벤치마킹됐다. 또한 이들은 유엔의 지속가능발전목표SDGs 17

가지 과제에 해당하는 문제를 명확히 정의하고 깊이 있는 인사이트를 바탕으로 실제로 작동하는 솔루션을 만들어낸 사례들이다. 이 모든 사례를 살펴보면 문제 해결의 핵심은 로컬 인사이트에서 출발해 글로벌 차원으로 확산될 수 있는 솔루션을 찾아내는 데 있음을 알 수 있다. 세 단어로 정의하면 솔루션의 독창성, 실행 가능성, 확장성이다.

1.
브랜드와 주민의 상생 솔루션을 제시하다

이 카테고리에 소개한 세 브랜디드 솔루션 '코로나 엑스트라 라임Corona Extra Lime' '지역 주민을 위한 차 임대 프로그램Cars to Work' '모두를 위한 공간Room for Everyone'의 공통점은 문제 해결의 인사이트를 지역 주민의 삶 속에서 발견했다는 것이다. 즉 개개의 브랜드가 사회의 변화를 읽고 그 속에서 새로운 가능성을 찾아내는 해석자이자 실천자가 됐다. 맥주에 넣는 작은 라임 한 조각에서, 출퇴근의 어려움을 겪는 이웃의 현실에서, 모두가 환영받아야 할 난민을 보듬는 공간의 필요에서 해답의 실마리를 찾았다. 그리고 그 해답은 일방적 베풂이 아니라 브랜드와 공동체가 함께 나누는 솔루션의 형태로 구현됐다는 점이 의미와 가치를 지닌다. 브랜드가 사회 문제를 해결하는 데 기여할 수 있을 때 비로소 시장은 더 깊은 신뢰와 의미를 부여한다는 사실을 입증한 것이 이 솔루션이 주는 교훈이다.

'코로나 엑스트라 라임' (2023)
: 라임 한 조각이 만든 상생 공급망

브랜드	코로나Corona
크리에이티브 에이전시	데이비드, 보고타David, Bogotá
지속가능발전목표	08. 양질의 일자리와 경제 성장 11. 지속가능한 도시와 공동체
수상	– 2023 칸 라이언즈, 티타늄 라이언즈

[문제]

맥주 브랜드 코로나의 상징적 소비 방식 중 하나는 '맥주에 라임을 넣어 마시는 것'이다. 그러나 중국은 기후 특성상 라임이 잘 자랄 수 없어 대부분을 수입에 의존해야 하는 구조였다. 코로나 맥주에 라임을 넣어 마시는 브랜드 음용의 표준을 경험하기 어려웠다. 즉 중국 시장에서 고품질 라임 공급의 부족은 지속성 있는 최상의 코로나 맥주 경험을 제공하는 데 제약이 있었던 것이다. 더불어 해당 농민의 경제적 어려움이라는 이중의 문제가 동시에 존재했다.

코로나는 라임을 수입하기보다 중국 현지 농민들과 협업하여 고품질 라임을 직접 재배할 수 있도록 지원하는 방안을 선택했다. 코로나는 중국 정부와 산업 리더들과 협력해 1,000일 동안 스마트 농업 기술, 특수 품종 개발, 수확 및 보관 기술 등 농업 인프라를 구축하고 농민들에게 농업 기술을 교육하여 고품질 라임 재배에 성공했다. 많은 연구와 테스트 끝에 마침내 '코로나 엑스트라 라임 Corona Extra Lime'이라는 이름으로 중국산 라임을 출시했다. 맥주 브랜드가 현지 농민들이 상생할 수 있는 브랜디드 솔루션을 탄생시킨 것이다.

[결과 및 의의]

그 결과 2023년 실행 첫해에 200만 개 라임을 판매하여 농민 수익이 21% 증가했다. 이는 생산 기술 향상에 따른 고품질 라임의 새로운 기준을 제시하며 장기적인 소득 안정성으로 이어졌다. 코로나 매출은 29% 증가해 농민의 삶을 안정시키는 지속가능한 공급망을 구축했다. 중국 현지에서 브랜드 선호도, 인지도, 시장 점유율이 상승해 코로나 브랜드 파워가 17% 증가했다. 이 경험은 코로나가 단순한 제품 마케팅을 넘어서 공공 문제 해결형 비즈니스 모델로 전환한 중요한 계기가 됐다. 브랜드의 역할을 브랜드 액티비즘, 즉 '실행하는 시스템'으로 확장함으로써 지속가능한 성장과 신뢰를 구축할 수 있게 됐다. 이 솔루션은 칸 라이언즈에서 최고 영예로 칭송받는 티타늄 라이언즈를 수상함으로써 그 가치가 다시 한번 빛났다. 티타늄 라이언즈는 이전에 시도한 적 없던 방식을 통해 업계 전체에 신선한 충격을 주고 세상에 새로운 패러다임을 제시한 솔루션에 수여하는 상이다.

'구직자를 위한 차 임대 프로그램'(2024)
: 이동의 자유가 만드는 일자리 기회

브랜드	르노Renault
크리에이티브 에이전시	퍼블리시스 콩세이, 파리Publicis Conceil, Paris
지속가능발전목표	08. 양질의 일자리와 경제 성장

수상	- 2024 칸 라이언즈, 지속가능발전목표SDGs 부문 그랑프리 - 2025 D&AD, 화이트·옐로·그라파이트·우드 펜슬

[문제]

프랑스에서는 전체 노동 가능 인구의 약 20%가 버스나 기차와 같은 공공교통 인프라가 부족한 이른바 '모빌리티 사막Mobility Deserts'에 거주하고 있다. 이 때문에 국민의 절반 이상이 일상적인 출퇴근조차 어려움을 겪고 있다. 이는 결국 취업 기회 포기로까지 이어지는 심각한 사회 문제를 낳았다. 선진국임에도 불구하고 대도시를 제외한 지역의 교통 인프라는 턱없이 부족해 단순히 생활의 불편을 넘어 일자리를 찾고 유지하는 데까지 큰 장벽이 되고 있었다. 특히 신규 취업자의 경우 입사 후 수습 기간에는 신용 기반 금

융 서비스 이용이 제한되는 데다 출퇴근 수단으로 차를 마련하기
어려워 채용 기회를 놓치는 사례가 빈번히 발생했다.

[솔루션]

르노 자동차는 '구직자를 위한 차 임대 프로그램Cars to Work'이라
는 획기적인 프로그램을 도입했다. 이는 일종의 '선대여 후지불 프
로그램'으로 구직자가 안정적으로 일자리를 얻을 때까지 차량을 무
상으로 제공하고 고용이 확정된 이후부터 상환을 시작하는 구조다.
약 3개월에 달하는 수습 기간에 차량을 부담 없이 이용할 수 있도
록 한 것이다. 제공되는 차량은 다치아Dacia 신차나 르노의 중고차
브랜드 리뉴Renew를 기반으로 마련됐다. 사용자 입장에서는 리스크
가 전혀 없는 것이 무엇보다 큰 장점이었다. 전국 50여 개 딜러십과
300여 개 정비소가 이 프로그램에 참여해 서비스망을 구축했으며
마이크로크레디트Micro-credit(무담보 소액 대출) 기관과 협업해 보다
접근 가능한 금융 모델을 완성했다. 또한 프랑스 국영 고용 지원 기
관인 프랑스 트라바이유France Travail와 함께 TV와 온라인 광고 캠페
인을 전개해 서비스의 신뢰도를 더욱 높였다.

[결과 및 의의]

'구직자를 위한 차 임대 프로그램'은 교통이 고용의 장벽이 되지
않고 기회가 되게 한 대표적인 사례다. 르노는 지역사회가 직면한
문제를 자사 서비스와 금융 혁신을 통해 풀어내며 포용적 사회 모

델의 가능성을 제시했다. 그 결과 르노는 자동차 제조사에서 사회 문제 해결의 주체로 자리매김했고 브랜드의 사회적 신뢰와 가치 또한 크게 향상했다.

더 나아가 이 플랫폼은 프랑스에만 머무르는 것이 아니라 전 세계 교통 인프라가 취약한 지역에서 고용 문제를 해결할 수 있는 확장 가능한 모델로 기능할 수 있다. 바로 이 점이 한 지역의 브랜디드 솔루션이 전 세계의 비슷한 상황에 대한 오픈소스 플랫폼이 될 수 있다는 가치를 부여한다. 무엇보다 일회성 마케팅 캠페인에 그치지 않고 르노의 지속가능한 비즈니스 모델로 자리 잡을 수 있다는 점에서 의의가 크다. 이 솔루션은 2024년 칸 라이언즈의 지속가능발전목표SDGs 부문에서 그랑프리를 차지함으로써 널리 회자되고 벤치마킹됐다.

'모두를 위한 공간'(2024)
: 데이터로 재구성하는 연대의 실험

브랜드	마스터카드Master Card
크리에이티브 에이전시	맥켄 폴란드, 바르샤바McCann Poland, Warsaw
지속가능발전목표	08. 양질의 일자리와 경제 성장 11. 지속가능한 도시와 공동체
수상	- 2024 칸 라이언즈, 크리에이티브 데이터 부문 그랑프리

[문제]

러시아의 우크라이나 침공 이후 폴란드로 피신한 우크라이나 난민들은 100만 명에 달한다고 한다. 그들은 처음엔 따뜻한 환영을 받았지만 시간이 흐르면서 상황은 달라졌다. 사회적 피로와 경제적 불안이 커지면서 현지인들의 인식이 점차 부정적으로 변했고 갈등이 드러나기 시작했다. 특히 폴란드인들 사이에서는 난민들이 저임금으로 노동시장에 진입하거나 새로운 비즈니스를 시작해 기존 상권을 위협할 수 있다는 우려가 확산됐다. 난민들이 단순 체류자가 아니라 경제 주체로서 자립해 지역사회에 기여할 수 있음에도 불구하고 뒷받침할 체계적 시스템이 부족한 상태였다.

마스터카드는 '모두를 위한 공간Room for Everyone' 프로젝트를 통해 문제를 해결했다. 우선 프로젝트의 실행을 위해 '웨어투스타트WhereToStart'라는 디지털 플랫폼을 선보였다. 이 플랫폼은 데이터 기반 위치 추천 도구로 우크라이나 출신 창업자들이 폴란드 내에서 사업 기회를 극대화할 수 있는 최적의 장소를 찾아주는 역할을 한다. 기존의 '웨어투세틀WhereToSettle' 플랫폼을 발전시킨 웨어투스타트는 마스터카드의 익명화된 소비 트랜잭션 데이터를 기반으로 보행자 이동량, 상업적 상호 보완성, 교통 접근성, 녹지 및 학교와 같은 지역 인프라, 대기질과 소음 수준까지 고려했다.

이를 통해 빵집 옆의 미용실, 애완동물 가게 옆의 약국처럼 상권 내에서 서로 보완할 수 있는 업종 위치를 제안하며 입지 정보를 제공하는 것을 넘어 지역 상권의 잠재적 가치를 데이터로 분석하고 예측할 수 있었다. 또한 폴란드의 부동산 그룹 모리존그라트카Morizon-Gratka와 협력해 창업자들이 실제로 임대 또는 매매 가능한 상업용 부동산 정보를 실시간으로 확인할 수 있도록 했다.

결과는 빠르고도 뚜렷했다. 캠페인 첫 달에만 1만 2,000명이 플랫폼을 이용했으며 신규 창업자 중 최대 40%가 활용했다. 더욱 주목할 점은 인식의 변화였다. 플랫폼 사용 후 폴란드 사업자 중 55%가 우크라이나인 창업자들이 경제적으로 도움이 된다고 응답했다.

이는 이전 대비 10% 상승한 수치였다. 동시에 마스터카드가 '기업가 지원 기관'으로 인식된 비율도 34%에서 55%로 크게 올랐다.

이 브랜디드 솔루션의 의미는 마스터카드와 같은 금융 서비스가 신용 대출이나 자금 지원 같은 일차원적 방식에 머물지 않았다는 데 있다. 데이터 기반 사용자 경험을 정성적으로 설계하고 창업자와 지역사회를 연결하는 경제적 협업 모델을 제시함으로써 사회적 관계의 회복까지 이끌었다. 다시 말해 웨어투스타트는 데이터를 통해 경쟁을 완화하고 상호보완적 생태계를 만들어낸 '데이터를 통한 연대의 재구성'이었다. 이는 난민과 현지인 간 갈등을 협력으로 전환하며 공동 번영의 기회를 열어준 창의적이고 진일보한 해법으로 기록될 만하다. 이 브랜디드 솔루션은 2024년 칸 라이언즈의 크리에이티브 데이터 부문에서 그랑프리를 차지했다. 수상 부문의 명칭에서도 드러나듯이 데이터에서 중요한 것은 그것을 얼마나 창의적으로 활용했느냐에 달려 있다.

2.
적정기술이 세상을 구하다

지속가능한 사회 만들기 솔루션 중에 '적정기술Appropriate Technology'을 활용한 사례들이 있다. 적정기술이란 비용이 많이 들고 복잡한 하이테크Hightech가 아니라 적은 비용으로 쉽게 적용할 수 있는 로테크Lowtech를 도입해 저개발국의 열악한 환경과 보건을 개선하고 삶의 질을 높이기 위한 기술을 말한다. 여기에 '적정'이라는 단어가 붙은 이유는 서구 사회의 첨단기술이 저개발국에는 적합하지도 않거니와 오히려 해를 끼칠 수 있다는 깨달음에서 나온 것이다. 지역의 문화적, 정치적, 환경적 특성에 맞는 기술을 적용해 진정한 발전을 이루기 위함이다.

이 개념은 독일 출신의 영국 경제학자 에른스트 프리드리히 슈마허Ernst Friedrich Schumacher가 고안한 '중간기술intermediate technology'
이라는 용어에서 시작됐다. 슈마허는 작은 것에 만족할 줄 아는 마
음과 주민 스스로 제어할 수 있는 중간기술을 통해 첨단기술이 없
이도 얼마든지 행복하게 살 수 있다고 주장했다. '중간'이라는 단어
가 기술적으로 미완의 단계를 뜻하거나 첨단기술보다 열등한 느낌
을 줄 수 있다는 인식이 대두돼 이후 '적정기술'이라는 용어가 더
많이 쓰이게 됐다. 이 카테고리에 소개한 '라이프 세이빙 닷Life Sav-
ing Dot''옐로 캔틴Yellow Canteen''필터 캡스Filter Caps' 솔루션은 이러
한 적정기술을 효과적으로 활용한 사례다.

'라이프 세이빙 닷'(2015)
: 로컬 문화와 넛지가 결합한 공공보건 혁신

브랜드	닐버선트 메디컬 파운데이션Neelvasant Medical Foundation
크리에이티브 에이전시	그레이, 싱가포르Grey, Singapore
지속가능발전목표	03. 건강과 웰빙
수상	- 2016 원쇼, 골드 펜슬 - 2016 D&AD, 우드 펜슬 - 2016 칸 라이언즈, 제품디자인 부문 금상

[문제]

갑상선 질환, 유산, 발달장애, 지능 저하 등 다양한 부작용을 유
발하는 요오드 결핍은 인도 농촌 여성들에게 특히 심각한 건강 문

제였다. 세계보건기구WHO 조사에 따르면 당시 인도 인구의 약 5억 명 이상이 요오드 결핍 위험에 노출됐다. 정부는 요오드 섭취를 권장했지만 소금에만 의존하는 방식은 농촌 여성들에게 충분히 전달되지 못했다. 게다가 그들은 경제적으로 어려워 요오드 첨가 소금을 사지 못해 요오드가 첨가되지 않은 저렴한 소금을 사는 경우가 대부분이었다.

빈부격차와 지역 간 편차가 극심한 인도에서 전 국민의 건강관리에 도움을 주는 일은 쉽지 않다. 먹는 요오드 영양제가 있지만 가난한 여성들은 구매할 여력이 안 된다. 정부 차원에서 무상으로 제공한다 해도 매일 일정한 시간에 복용하도록 교육하기도 어렵다. 시골 여성들은 영양제 섭취에 대한 인식과 접근성 부족으로 요오드 결핍을 해소하기 어려운 상황이었다.

힌두교 여성들의 생활 습관에서 착안한 창의적인 건강 솔루션이 개발됐다. 인도 여성들은 매일 아침 미간에 작은 점을 찍거나 붙이는 '빈디'라는 전통을 지켜왔는데 여기에 요오드 결핍 문제를 해결할 아이디어가 더해졌다. 바로 요오드 용액이 스며든 접착식 빈디를 만들어 여성이 평소처럼 미간에 빈디를 붙이기만 하면 부족한 요오드가 체내로 흡수되도록 한 것이다. 이는 금연을 위해 사용하는 니코틴 패치의 원리와 유사하다. 이 작은 점 하나로 하루 권장량인 150~220밀리그램의 요오드를 충분히 보충할 수 있었다.

이 솔루션은 인도 농촌 지역의 헬스 캠프와 병원을 통해 널리 배포돼 수많은 여성이 직접적인 혜택을 누렸다. 전통적인 생활 습관에 착안해 단순한 웨어러블 기술을 결합한 것이다. 이 사례는 주민들의 일상에서 얻는 인사이트가 어떻게 창의적이고 실질적인 건강 문제 솔루션으로 발전할 수 있는지를 잘 보여준다.

이 솔루션의 가장 큰 의미는 문화와 보건의 창의적 결합에 있다. 의료 장치가 아니라 인도의 전통적 여성 장신구인 빈디를 활용했기에 현지 여성들이 거부감 없이 자연스럽게 의료 장치를 받아들였다. 또한 행동 경제학적 관점에서 사람들이 새로운 습관을 들이거나 생활 방식을 바꾸지 않아도 건강이 자동으로 개선되는 구조를 만들었다는 점은 주목할 만하다. 이는 넛지Nudge 효과를 활용한 대표적 사례로 다른 공공보건 과제에도 확장 적용할 가능성을 보여준다.

'라이프 세이빙 닷Life Saving Dot'은 로테크를 보건 영역에 적용하는 것에서 나아가 브랜드 커뮤니케이션이 사회적 가치를 창출할 수 있음을 모범적으로 증명한 프로젝트였다. 이 혁신적 접근은 인도 현지뿐만 아니라 『타임』 『가디언』 등 국제 언론에도 대대적으로 보도돼 공공보건 캠페인의 선구적 모델로 평가받았다. 이 솔루션은 2016년 세계 3대 크리에이티브 어워즈인 원쇼와 D&AD에서 각각 골든 펜슬과 우드 펜슬을 수상했다.

'옐로 캔틴'(2023)
: 색 하나로 완성한 보건 환경의 지속가능한 개선

브랜드	듀럭스Dulux
크리에이티브 에이전시	이노션, 인도네시아Innocean, Indonesia
지속가능발전목표	03. 건강과 웰빙
수상	– 2024 D&AD, 옐로 펜슬

[문제]

인도네시아의 덥고 습한 기후는 학교 구내식당에 파리 등 각종 질병을 일으키는 곤충이 번식하기 좋은 환경을 제공한다. 파리는 콜레라, 장티푸스, 설사 등 65가지가 넘는 병원체를 퍼뜨릴 수 있다. 위생 관리에 취약하고 면역 체계가 약한 어린이들에게 더욱 치

명적인 위협이었다.

[솔루션]

페인트 브랜드 듀럭스의 브랜디드 솔루션은 파리가 노란색을 싫어한다는 과학적 사실에 주목했다. 실제 식탁 위에서 실험을 거쳐 이를 검증한 뒤 학교 급식 공간 전체를 노란색으로 바꾸는 '옐로 캔틴Yellow Canteen' 프로젝트를 실행했다. 책상, 의자, 벽면을 노란색으로 칠하는 단순한 조치였다. 하지만 이는 제품의 본질적 강점을 발굴해 실질적인 문제 해결로 연결한 간단하면서도 강력한 해법이었다.

캠페인 개시 후 두 달 동안 5,000명 이상의 학생들이 직접 혜택을 받았다. 웹사이트를 통해 학교들이 자발적으로 신청할 수 있는 체계를 마련했다. 나아가 식판, 컵, 앞치마 등 급식 관련 용품 전반으로 '노란색' 개념이 확산되며 생활 전반으로 이어졌다. 무엇보다 이 사례의 의의는 복잡한 기술이나 거대한 예산을 쏟아붓지 않더라도 색채의 과학적 특성을 활용해 질병 전파를 예방하고 실질적인 변화를 이끌었다는 데 있다.

이는 문제 해결에서 중요한 것은 최첨단이 아니라 상황에 맞는 최적화된 솔루션이라는 점을 잘 보여준다. 또한 디자인이 도시 환경 속 공공보건과 웰빙에 기여할 수 있음을 증명한 상징적인 사례로 남았다. 2024년 D&AD에서 옐로 펜슬을 수상하며 솔루션의 의의를 널리 알렸다.

'필터 캡스'(2024)

: 로테크 디자인이 해결한 식수 위기

브랜드	필사Filsa
크리에이티브 에이전시	오길비 콜롬비아, 보고타Ogilvy Colombia, Bogotá
지속가능발전목표	06. 깨끗한 물과 위생
수상	- 2025 원쇼, 그린 펜슬 - 2024 칸 라이언즈, 지속가능발전목표SDGs 부문 금상

[문제]

콜롬비아에는 아직도 깨끗한 식수를 확보하지 못한 채 살아가는 주민이 약 400만 명에 달한다. 특히 사막화가 진행된 지역에서는 물 공급 인프라가 전혀 없어 주민들은 안전하지 않은 물에 의존해야 하는 실정이었다. 전통적인 정수기나 펌프 기반 시설은 가격이 비싸고 설치와 유지 관리가 까다로워 오지에서는 사실상 접근조차 불가능했다. 게다가 이런 시설은 이동성이 없기 때문에 언제 어디서든 깨끗한 물을 마실 방법이 절실히 부족했다.

[솔루션]

이 문제를 해결하기 위해 고안된 솔루션은 옥수수 전분을 활용한 글루텐 수지로 제작한 100% 생분해성 '필터 캡스Filter Caps'이었다. 기존의 플라스틱 병뚜껑을 대체할 만큼 친환경적이면서도 생태계에 부담을 주지 않는 바이오플라스틱 소재를 채택했다. 캡 내부에는 금속, 미네랄, 천연 성분으로 구성된 3중 필터가 장착돼 있어 오염된 물을 안전하게 정화할 수 있었다. 무엇보다 페트병에 직접 부착해 사용할 수 있는 구조라 이동 중에도 바로 깨끗한 물을 마실 수 있는 '포터블 정수 시스템'으로 기능한 것이 가장 큰 장점이었다.

[결과 및 의의]

1,000개가 제작된 이 필터 캡은 설치 후 불과 두 달 만에 약 30만 리터의 물을 정화했다. 1년 기준으로는 180만 리터에 달하는 물을 정화할 수 있는 성능을 입증했다. 덕분에 많은 가정이 간단하면서도 안전한 정화 시스템을 확보할 수 있었다. 전기나 복잡한 운송 없이 곧바로 사용할 수 있는 저가형 솔루션으로서 접근성이 극대화됐다. 모든 표준 페트병과 호환되도록 설계한 범용성 또한 대규모 보급을 가능하게 했다.

이 브랜디드 솔루션은 비정부기구와 브랜드가 협력해 취약계층 주민들에게 직접적이고 실질적인 안전 혜택을 제공한 사례로 평가된다. 깨끗한 물만 제공한 것이 아니라 브랜드의 기술과 영향력을 통해 사회적 신뢰를 강화한 모범적 모델이 됐다. 그리고 지역의 문제 해결을 글로벌 차원의 사회적 가치 창출로 확장할 수 있음을 보여준 의미 있는 사례로 기록됐다. 무엇보다 이 솔루션은 마을에 설치된 공동 정수기처럼 기존 솔루션의 이동 불가성의 문제를 해결한 '모바일 솔루션Mobile Solution'의 새로운 장을 열었다는 점에서 의의가 크다. 이 프로젝트는 2024년 칸 라이언즈의 지속가능발전목표SDGs 부문에서 금상과 2025년 원쇼에서 그린 펜슬을 수상하며 보건 문제를 창의적으로 해결한 점을 높이 평가받았다.

3.
협업과 파트너십으로 솔루션의 진정성을 키우다

오늘날 복잡한 사회 문제는 단일 주체가 홀로 풀어낼 수 없다. '게임의 판을 바꾸다Changing the Game' '우크라이나를 보존하자Backup Ukraine' '마이너스 15도에 맞추자Move to -15℃' 프로젝트는 장애인을 배려한 게임기, 전쟁 속 문화유산의 보존, 기후위기 대응처럼 전 지구적이고 다층적인 도전 앞에서 해답은 언제나 연결에서 시작된다는 사실을 입증한다.

이들 브랜디드 솔루션이 보여준 공통점은 문제 해결의 진정성이 협업과 파트너십을 통해 담보됐다는 점이다. 브랜드가 혼자 메시지를 내는 것이 아니라 시민, 정부, 비영리단체, 기술 기업이 함께 손을 잡았을 때 솔루션은 캠페인에서 실질적 변화의 장치로 작동했다.

기술, 자원, 미디어 파워, 현장 네트워크 등 각기 다른 역량이 한 지점으로 모였을 때 불가능해 보이던 변화를 가능하게 만든 것이다.

여기서 얻을 수 있는 인사이트는 진정성은 협력에서 비롯된다는 사실이다. 혼자의 선의는 종종 일회성으로 끝나지만 서로 다른 주체가 이해관계를 넘어 공통의 목표를 공유할 때 솔루션은 사회적 신뢰를 얻는다. 그리고 이 신뢰야말로 변화를 지속하는 가장 중요한 자산이다. 궁극적으로 이 솔루션은 협업은 선택이 아니라 필수며 파트너십은 역할 분담이 아니라 사회 정의를 실현하는 동력임을 깨닫게 한다.

'게임의 판을 바꾸다'(2018)

: 포용적 기술이 완성한 모두를 위한 게임

브랜드	마이크로소프트 X박스Microsoft Xbox
크리에이티브 에이전시	맥켄, 뉴욕McCann, New York
지속가능발전목표	10. 불평등 감소
수상	– 2020 원쇼, IP 앤드 프로덕트 부문 골드 펜슬

[문제]

비디오게임은 중독만 되지 않는다면 정서적으로 훌륭한 자양분이 될 수 있다. 타인과 교감하는 방법 가운데 흥분과 흥미를 크게 끌어올리는 경험을 제공하기 때문이다. 미국에는 3,300만 명 이상의 장애 게이머들이 존재한다. 그럼에도 마이크로소프트의 기존 X

박스 컨트롤러는 신체 절단이나 운동 제약을 가진 사용자들이 접근하기 어려운 구조였다. 이들은 직접 수공예 도구를 사용해 컨트롤러를 개조하거나 매우 비싼 맞춤형 제품을 구입해야 했다. 대다수는 정상적인 게임 플레이 자체가 불가능했다. 이처럼 엄청난 규모의 장애 게이머 집단을 위한 실질적인 솔루션이 마련되지 않았다는 것은 충격적인 현실이었다. 다행히 마이크로소프트가 이 문제를 해결하는 데 나섰다.

[솔루션]

마이크로소프트는 게임 접근성을 높이기 위한 전용 장치로 'X박스 어댑티브 컨트롤러Xbox Adaptive Controller'를 디자인해 출시했다. 이는 '포용적 디자인inclusive design'을 실천한 대표적 사례였다. 2015년 마이크로소프트 내부 해커톤에서 초기 아이디어가 탄생했다. 이후 엔지니어들이 '워파이터 인게이지드Warfighter Engaged'와 같은 비영리 단체와 협력해 장애 게이머에게 필요한 장치를 구체적으로 구상했다. 컨트롤러의 디자인, 기능, 패키징, 설명서까지 모든 과정에서 실제 장애 게이머와 그 가족들의 목소리를 반영했다. 그리고 에이블게이머스AbleGamers, 뇌성마비재단Cerebral Palsy Foundation, 스페셜이펙트SpecialEffect, 크레이그병원Craig Hospital 등 기관과 협업해 지속적으로 아이디어를 검증했다.

프로토타입 테스트에도 실제 장애 게이머들이 직접 참여해 개인별 맞춤 설정이 가능하도록 설계 개선을 도왔다. 대표적으로 사지마비 환자 마이크 러켓Mike Luckett이 기능에 대한 피드백을 해 장치의 완성도를 높였다. 제품 패키징 또한 접근성 설계의 결과였다. 패키징 디자인 팀은 지퍼 타이처럼 장애인에게 불편한 요소를 제거하고 리본과 루프, 쉽게 열리는 구조를 적용했다. 몸의 제약이 있는 사용자도 스스로 쉽게 제품을 개봉할 수 있도록 약 100명의 접근성 커뮤니티Accessibility Community 구성원들이 참여해 세부 피드백을 반영한 것이다. 이처럼 사용자, 엔지니어, 디자이너가 함께 협업해 성과를 끌어낸 브랜디드 솔루션이었다.

마이크로소프트는 인식 제고에도 공을 들였다. 슈퍼볼에서 다큐멘터리 형식의 광고를 공개했고 소셜미디어, 인플루언서, e스포츠 커뮤니티를 통한 액티비티로 플랫폼의 확장에 도움을 줄 수 있도록 확산을 추진했다. 나아가 처음으로 장애인과 비장애인이 함께 참여하는 e스포츠 토너먼트도 개최해 플랫폼의 확장성을 보여주었다.

[결과 및 의의]

'게임의 판을 바꾸다Changing the Game' 캠페인은 장애 여부와 관계없이 '모두가 플레이할 수 있다Gaming For Everyone.'라는 브랜드 미션을 행동으로 증명한 상징적 사례였다. 게임 접근성을 중심에 둔 시도로 게임 산업계에 대한 전반적 시선을 바꾸는 전환점이 됐다. 무엇보다 사용자의 목소리를 전면에 세워 감성적 지지를 확보한 전략은 효과가 매우 컸다. 슈퍼볼 광고는 약 1억 명이 시청했으며 언드 미디어Earned Media 가치만 3,500만 달러에 달했다. 소셜 언급은 246% 증가, 해시태그(#GamingForEveryone)는 879% 급증, 포용적 디자인 관련 대화량은 77% 상승, 소셜 점유율은 242% 확대되는 성과를 거뒀다.

업계는 이 캠페인을 '슈퍼볼에서 가장 효과적인 광고'로 평가했다. X박스 어댑티브 컨트롤러는 포용적 디자인이 사용자 경험을 바꾸고 사회적 지지와 산업적 혁신을 동시에 이끌 수 있음을 보여준 기념비적 사례로 남았다. 이 솔루션은 2018년 원쇼에서 골드 펜슬을 수상했다.

'우크라이나를 보존하자'(2022)

: 파괴를 기록으로 복원한 모바일 앱의 혁신

브랜드	폴리캠Polycam + 유네스코UNESCO, 블루실드 덴마크Blue Shield Denmark
크리에이티브 에이전시	버추 월드와이드, 뉴욕Virtue Worldwide, New York
지속가능발전목표	16. 평화·정의·효과적인 제도
수상	- 2023 원쇼, 인터랙티브·온라인·모바일 부문 베스트 오브 디시플린 펜슬 - 2024 칸 라이언즈 지속가능발전목표SDGs 부문 금상

[문제]

우크라이나는 러시아의 침공으로 역사적 건축물, 문화재, 기념비 등 국가 정체성을 상징하는 수많은 문화유산이 파괴될 위기에 처했다. 유네스코는 2022년 2월 침공 이후 2023년 1월까지 문화적으로 중요한 장소 235곳이 훼손된 것을 확인했다. 종교 시설 104곳, 박물관 18곳, 역사적 또는 예술적 가치가 있는 건축물 83곳, 기념비 19곳, 도서관 11곳이 포함돼 있었다. 특히 우크라이나 전역에 분포한 수천 개 목조 교회들은 불에 극도로 취약할 뿐만 아니라 내부에 귀중한 회화 작품들이 다수 보관돼 있어 더욱 위태로운 상황이었다. 그러나 전쟁 상황에서는 전통적인 복원이나 보호 방식이 실질적으로 거의 불가능했다.

이러한 한계를 넘어선 것이 바로 '우크라이나를 보존하자Backup Ukraine' 프로젝트였다. 이 프로젝트는 모바일 3D 스캔 기술인 폴리캠Polycam 앱을 활용해 시민 누구나 자신의 스마트폰으로 건축물, 조각상, 기념비 등을 3D로 스캔해 온라인에 업로드할 수 있도록 했다. 스캔한 데이터는 안전한 온라인 아카이브에 저장돼 폭격이나 물리적 훼손으로부터 보호되며 GPS 태그를 통해 위치별로 기록된다. 일부 공공 유산의 경우에는 문화유산 디지털화를 전문으로 하는 3D 기업 스케이론Skeiron 팀이 현장에서 직접 3D 스캐닝 작업을 수행했다.

그 결과 만약 실제 문화재가 파괴되더라도 정교한 디지털 기록을 바탕으로 마지막 디테일까지 복원이 가능한 기반을 마련할 수 있었다. 이는 물리적 폭탄이 닿을 수 없는 클라우드 속에 문화유산을 안전하게 백업하는 혁신적 접근이었다.

[결과 및 의의]

'우크라이나를 보존하자Backup Ukraine' 프로젝트는 평범한 시민을 '아키비스트Archivist'로 전환시켜 정부와 시민이 협업하는 새로운 문화 보존 모델을 제시했다. 전시라는 특수한 상황에서 기존 방식이 한계를 드러내는 순간 디지털 기술은 창의적이고 확장 가능한 대안으로 기능했다. 이는 단순히 기록을 넘어 파괴에서 복원으로 상실에서 재건으로 이어지는 문화 회복의 가능성을 열어준 사례였다. 또한 폴리캠, 유네스코, 블루실드 덴마크가 협업해 구축한 이 프로젝트는 데이터 기반으로 문화재를 기록하고 복원을 가능하게 하는 새로운 국제적 모델로 자리매김했다.

결국 이 작업은 전쟁이라는 미시적 갈등 속에서도 정체성과 역사를 지키려는 거시적 움직임을 집단지성과 창의력으로 구현해낸 의미 있는 성과로 평가된다. 이 솔루션은 2023년 원쇼의 인터랙티브·온라인·모바일 부문에서 그랑프리에 해당하는 베스트 오브 디시플린 펜슬을 수상했다. 다음 해 칸 라이언즈에서도 지속가능발전목표SDGs 부문 금상을 수상하여 지속가능을 위한 모바일 솔루션의 모범 답안이 됐다.

'영하 15도에 맞추자'(2024)
: 기후위기를 줄인 글로벌 연대 모델

브랜드	DP월드DP World
크리에이티브 에이전시	에델만, 런던Edelman, London
지속가능발전목표	13. 기후변화 대응 17. 목표 이행을 위한 파트너십
수상	– 2024 칸 라이언즈, 티타늄 라이언즈·지속가 능발전목표SDGs 부문 금상

[문제]

냉동식품 운송 시 국제적으로 통용되는 표준 온도인 섭씨 –18도는 사실 과학적 근거라기보다 화씨 0도에 맞춘 전통적 관행일 뿐이었다. 문제는 이 낮은 온도를 유지하기 위해 막대한 에너지가 소모되고 탄소가 과도하게 배출된다는 점이었다. 에너지 효율성과 환경적 비용이라는 과제가 업계 전반에 걸쳐 제기돼 왔다. 하지만 누구도 이를 근본적으로 바꾸려 하지 않았다.

[솔루션]

전문가 그룹과 독립 학자들이 공동으로 연구한 결과 냉동식품을 섭씨 –15도에서 운송해도 품질에 전혀 문제가 발생하지 않는다는 사실이 입증됐다. 단 3도 올렸을 뿐이지만 그 잠재 효과는 막대했다. 연간 25테라와트시TWh의 에너지 절감과 1,770만 톤의 탄소 배출 저감이 가능하다는 결론이 도출된 것이다. 이를 바탕으로 DP월

드는 '영하 15도에 맞추자The Move to –15℃.'라는 이름의 글로벌 캠페인을 시작했다.

이 캠페인이 특정 기업의 이해를 드러내지 않고 업계 전체가 동참할 수 있도록 중립적이고 개방적인 메시지를 선택한 점은 전략적으로 중요했다. 이 캠페인은 28차 유엔기후변화협약 당사국총회 COP28 회의에서 공식적으로 시작됐으며 보고서, 영상, 인포그래픽, 공개서한 등 모든 자료를 투명하게 공개해 참여를 촉진했다. 이 과정을 통해 경쟁이 아니라 환경보호를 위한 연대의 장이 마련됐다.

[결과 및 의의]

결과는 놀라웠다. 주요 식품 생산자, 소매업체, 냉장 시설 기업을 포함해 전 세계 냉동식품 운송 산업의 60% 이상이 캠페인에 동참했다. 광고 효과 역시 뛰어났다. 캠페인 영상은 누적 조회수 440만 회를 기록했고 DP월드의 브랜드 신뢰도는 11%나 상승했다. 이 브랜디드 솔루션은 온도를 조정해야 할 과학적 근거와 업계 협력을 통해 기후위기 대응의 새로운 모델을 제시한 상징적 사례로 평가된다. 이 솔루션은 2024년 칸 라이언즈의 티타늄 라이언즈와 지속가능발전목표SDGs 부문 금상을 동시에 수상하여 팩트 발견을 통한 문제 해결의 새로운 방식을 인정받았다.

4.
데이터가 솔루션이 되다

오늘날 사회의 수많은 문제는 보이지 않거나 들리지 않거나 혹은 무시된 데이터의 공백에서 비롯됐다. 발달장애인의 발화가 인공지능에 의해 오인되고 청각장애인은 일상에서 벌어지는 위험 신호를 이해할 길이 없다. 당뇨 환자의 목소리에 숨어 있는 이상 징후가 진단으로 연결되지 못하고 여성 경영인의 성과가 기록되지 않아 경제적 가치로 환산되지 못했다. 이러한 간극을 메운 것은 거대한 자본이나 첨단 장비가 아니었다. 데이터를 새롭게 정의하고 재구성하는 태도였다. 발화 패턴을 수집해 인공지능을 교정하고 청각 데이터를 시각화하여 정상적 생활의 장벽을 낮추었다. 목소리를 바이오마커로 전환해 질병 조기 진단의 길을 열고, 기록되지 않던 여성 경영인의 데이터를 수집해 투자로 이어지게 했다.

이 카테고리에 소개한 네 솔루션 '프로젝트 언더스투드Project Understood' '소리를 보다See Sound' '당뇨 진단을 위한 목소리 검진Voice to Diabetes' '핑크 칩Pink Chip'의 핵심은 데이터 자체는 해답이 아니며 관점이 데이터에 새로운 의미를 부여한다는 것이다. 즉 누락된 데이터를 발견하고 차별 없는 데이터를 축적하며 기존 데이터를 전복적으로 재해석할 때 데이터는 숫자와 기록에서 사회적 약자를 위한 솔루션으로 진화한다.

'프로젝트 언더스투드'(2019)
: 다우증후군 환자의 데이터 기부로 완성한 솔루션

브랜드	구글Google + 캐나다다운증후군협회Canadian Down Syndrome Society
크리에이티브 에이전시	FCB, 토론토FCB, Toronto
지속가능발전목표	03. 건강과 웰빙
수상	– 2020 원쇼, 디지털 크래프트 부문 베스트 오브 디시플린 펜슬 – 2022 칸 라이언즈, 크리에이티브 이펙티브니스 부문 금상

[문제]

구글과 캐나다다운증후군협회가 함께 진행한 이 캠페인은 음성 인식 기술의 한계를 드러내는 문제의식에서 출발했다. 다운증후군

을 잃는 사람들의 발화는 기존의 구글 음성 인식 시스템에서 단어의 약 3분의 1 정도만 정확히 인식됐다. 이로 인해 이들은 음성 인식 기술을 통한 일상생활의 편리함을 누리지 못해 결국 사회적 약자로서의 소외가 심화되는 상황에 처하게 됐다.

[솔루션]

구글은 음성 인공지능이 다운증후군 커뮤니티의 고유한 말하기 패턴을 이해할 수 있도록 해당 커뮤니티 구성원들이 직접 자신의 목소리를 기부하여 인공지능의 학습 데이터로 활용하는 방안을 고안했다. 소셜 캠페인 영상을 통해 참여를 독려했고 참여자들은 '칫챗Chit Chat' 플랫폼을 통해 준비된 문장을 녹음해 제출함으로써 데이터베이스를 구축했다. 인공지능은 이 데이터로 비정형적 발화 패턴을 학습했고 다운증후군을 앓는 사람들도 자신의 목소리를 통해 서비스에 접근하는 가능성이 열렸다. 그 결과 30개국 이상 735개 단체가 동참했고 100만 개 이상의 문장이 데이터로 추가됐다.

[결과 및 의의]

이 프로젝트의 의미는 단순한 기술적 개선을 넘어선 데 있다. 기존의 음성 데이터 중심 설계 관행에서 벗어나 말하기 방식이 독특한 사람들을 기술의 범주 안으로 포함시켰다는 점에서 '기술 포용성'의 대표적 사례로 평가된다. 더 나아가 단순히 수혜자였던 대상자가 인공지능을 직접 교육하는 '교사'로 참여할 수 있도록 한 점은 특별한 의의를 지닌다. 이는 커뮤니티의 자립과 일상 속 목소리 사용 경험 향상에 기여하려는 목적과 맞닿아 있었다.

캠페인의 성과는 기술 혁신에만 그치지 않았다. 이후 구글은 '프로젝트 언더스투드Project Understood'를 기반으로 '프로젝트 릴레이트Project Relate' 앱을 출시해 더 다양한 비정형 발화 패턴을 가진 사용자들에게 솔루션을 제공했다. 이 프로젝트는 소셜미디어에서 바이럴로 확산됐다. 페이스북에서만 80만 건 이상의 자연 노출과 8만 건 이상의 참여를 기록했고 총 7억 7,500만 회가 넘는 미디어 노출 수를 달성했다. 이 프로젝트는 장애인의 목소리를 기술 안으로 포용해야 한다는 인식을 세계적으로 확산하는 효과를 거두었다.

결국 기술이 인간을 규정하는 것이 아니라 인간의 다양성을 기술이 어떻게 수용하고 확장할 수 있는지를 보여준 상징적인 사례로 남았다. 이 솔루션은 2020년 원쇼에서 디지털 크래프트 부문 베스트 오브 디시플린 펜슬과 2022년 칸 라이언즈의 크리에이티브 이펙티브니스 부문 금상을 수상함으로써 정교한 인공지능 설계가 구현한 포용성 기술의 가치를 입증했다.

'시 사운드'(2019)
: 소리의 시각화를 실현한 포용 기술 혁신

브랜드	웨이비오Wavio
크리에이티브 에이전시	에어리어23, 뉴욕Area23, New York
지속가능발전목표	03. 건강과 웰빙
수상	– 2019 칸 라이언즈, 이노베이션 부문 그랑프리

[문제]

전 세계 인구의 약 5%가 난청이나 청각 장애를 겪고 있다. 이들은 일상 속 중요한 소리를 듣지 못해 안전과 상황 인식에 큰 제약을 받는다. 기존의 보청기는 소리를 증폭하는 역할만 했을 뿐 그 소리가 어떤 의미를 갖는지는 전달하지 못했다. 벨이나 알람 인식용 시각 장치 또한 단일 목적에 국한돼 활용도가 떨어졌다. 결국 난청이나 청각 장애를 겪고 있는 이들에게 필요한 것은 단순한 증폭이나 경고가 아니라 '소리의 의미'를 전달할 수 있는 보다 포괄적인 솔루션이었다.

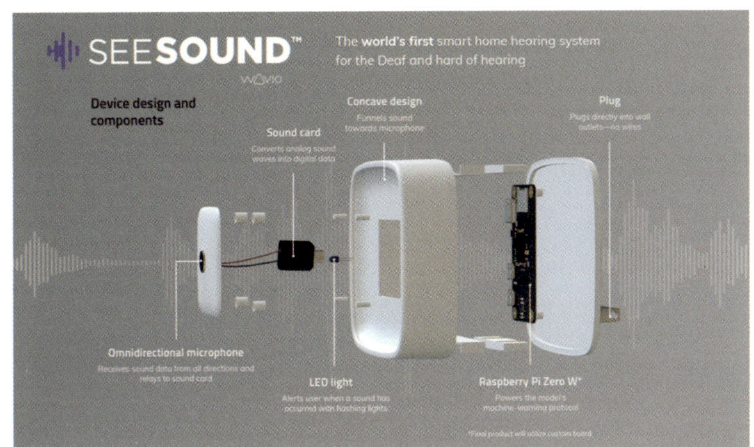

[솔루션]

이러한 문제를 해결하기 위해 웨이비오와 에어리어23은 머신러닝 기반 스마트홈 시스템 '시 사운드See Sound' 솔루션을 개발했다. 이 시스템은 사용자의 집 안에서 발생하는 소리를 실시간으로 모니터링한 뒤 특정 소리가 발생하면 스마트폰에 텍스트 알림으로 전송한다. 예를 들어 문이 열릴 때는 '문 열림', 아기가 울 때는 '아기 울음'이라는 메시지를 화면에 띄워 사용자가 상황을 시각적으로 인지할 수 있도록 한 것이다. 이를 위해 유튜브에 업로드된 200만 개 이상의 사운드 클립이 학습 데이터로 활용됐다. 이 사운드 클립은 일반인의 일상에서 추출된 것이기에 높은 정밀도의 소리 인식 모델이 구축될 수 있었다.

[결과 및 의의]

이 솔루션의 의의는 소리를 '시각 정보'로 변환하는 새로운 접근성 기술을 통해 청각장애인뿐만 아니라 일반 사용자도 주변 소리를 '볼 수 있는' 소통 방식을 제시한 데 있다. 알람 장치에 머무르지 않고 다양한 상황에 대응하는 홈 사물인터넷 솔루션으로 확장해 보안까지 다루며 장애인과 노년층은 물론 광범위한 사용자 기반의 필요를 충족시켰다. 무엇보다 머신러닝과 데이터 기반 설계를 통해 사회적 약자의 구체적인 생활 문제를 실질적으로 해결할 수 있음을 보여줬다. 이런 점에서 '시 사운드' 기술이 어떻게 일상의 장벽을 허물고 포용적 삶을 가능하게 하는지를 증명한 혁신적 사례다.

이 솔루션은 포용적 삶을 가능케 한 기술의 힘을 높이 평가받아 2019년 칸 라이언즈 이노베이션 부문 그랑프리를 수상했다. 이노베이션 부문은 그 이름에서도 알 수 있듯 아이디어 자체가 혁신적이면서 그 혁신을 통해 세상을 바꾸고 전 지구적으로 확장성이 큰 솔루션에 수여되는 상이다.

'당뇨 진단을 위한 목소리 검진'(2023)
: 목소리 데이터로 이뤄낸 의료 혁신

브랜드	KVI 브레이브 펀드KVI Brave Fund
크리에이티브 에이전시	클릭 헬스, 토론토Klick Health, Toronto
지속가능발전목표	03. 건강과 웰빙

[문제]

전 세계적으로 약 2억 4,000만 명의 성인이 제2형 당뇨병을 진단받지 못한 채 살아가고 있다. 기존의 진단 방식인 혈액 검사는 비용 부담이 크고 접근성이 제한적이어서 특히 저개발 지역이나 농촌에서는 상황이 훨씬 더 심각하다. 진단 방법의 부재는 의료 서비스 공백과 보건의 형평성 확대라는 시급한 과제와 맞물린 고질적인 공중 보건 문제로 남아 있었다.

[솔루션]

이 문제를 해결하기 위해 등장한 솔루션이 바로 '당뇨 진단을 위한 목소리 검진Voice 2 Diabetes'이다. 사용자가 스마트폰 화면에 제시된 문장을 읽어 10초 이내의 음성 샘플을 제공하면 인공지능이 진폭, 피치 등 목소리의 미세한 특성을 분석해 제2형 당뇨병 위험 점수를 산출한다. 이 방법은 몸에 바늘을 찌르거나 혈액을 채취하는 과정이 전혀 필요 없다. 이러한 비침습적Non-invasive 진단 방식은 저비용·고효율을 동시에 충족하며 광범위하게 적용 가능한 혁신적 도구라는 점에서 의미가 크다.

[결과 및 의의]

이 솔루션은 기존 의료 인프라 접근이 어려운 지역, 예컨대 인도의 농촌 지역에서도 당뇨병 진단 접근성을 획기적으로 개선할 가능성을 보여주었다. 나아가 전통적인 혈액 검사 방식의 한계를 넘어 음성 분석을 통한 진단이라는 새로운 표준을 제시함으로써 미래의 진단 서비스 방향 자체를 바꾸고 있다. 실제로 당뇨 진단을 위한 목소리 검진은 2023년 의료 학술지 「메이요 클리닉 프로시딩스Mayo Clinic Proceedings」에 발표된 연구에서 여성 89%, 남성 86%의 진단 정확도를 입증했으며 전 세계적으로 최대 327억 달러의 비용 절감 효과가 있을 것으로 추산했다. 이 솔루션은 65개국 이상에서 4억 건 이상의 미디어 노출을 기록하며 큰 관심을 불러일으켰다.

당뇨 진단을 위한 목소리 검진은 음성을 통해 누구나 손쉽게 건강을 점검할 수 있는 시대를 앞당긴 사례가 됐다. 이 솔루션은 보건의 형평성을 넓히고 의료 접근성이 취약한 사람들에게 실질적

검진의 기회를 제공한 동시에 글로벌 헬스케어의 미래 지형도를 다시 그려낸 의미 있는 혁신으로 평가된다. 그런 혁신성을 인정받아 2024년 칸 라이언즈의 이노베이션 부문에서 그랑프리를 수상했다.

'핑크 칩'(2024)
: 데이터가 증명한 여성 리더십의 투자 가치

브랜드	데히로Degiro + 유엔여성기구UN Women
크리에이티브 에이전시	AKQA, 암스테르담AKQA, Amsterdam
지속가능발전목표	05. 젠더 평등
수상	− 2024 칸 라이언즈, 글래스 부문 그랑프리·지속가능발전목표SDGs 부문 금상

[문제]

전 세계 기업 중 여성 CEO가 이끄는 곳은 겨우 7%에 불과하다. 더 심각한 것은 여성이 CEO로 임명되면 주가가 바로 3~4% 하락한다는 통계가 존재한다는 점이다. 실제로는 여성 리더들이 더 나은 경영 성과와 수익을 내고 있다. 그럼에도 불구하고 전 세계 투자자의 80%를 차지하는 남성 투자자들은 편견에 사로잡혀 여성 CEO를 신뢰하지 못하는 경우가 많았다. 여성 리더십에 대한 신뢰를 증명할 데이터와 이를 근거로 젠더 평등을 실현할 수 있는 솔루션이 존재하지 않았기에 발생한 현상이다.

이 문제를 해결하기 위해 유럽 최대 투자 플랫폼 '데히로'와 '유엔여성기구'가 힘을 모았다. 이들은 인공지능과 데이터 분석을 활용해 여성 CEO가 이끄는 기업들을 선별하고 유리 절벽Glass Cliff[5] 효과 를 배제한 상태에서 수익성과 성장률을 기준으로 정량적 지수를 개발했다. 이를 통해 누구나 핑크 칩Pink Chip 웹사이트(PinkChip. org)와 데히로 앱에서 여성 CEO의 역량을 데이터로 검증할 수 있게 됐다. 여성 리더십이 실제로 수익성과 지속가능한 성장을 담보하는 중요한 자산임을 입증하는 새로운 투자 지표가 만들어진 것이다.

그 효과는 빠르고 강력했다. 캠페인 시작 2주 만에 신규 투자자 1만 4,500명이 유입됐고 관련 기업 주가가 평균 6.7% 상승했다. 이후 핑크 칩 지수에 편입된 기업들의 성과는 평균 9.48% 추가 상승을 기록했다. 동시에 소셜미디어에서 200만 회 이상 노출됐으며 첫 주 방문자만 7만 명을 돌파했다.

이 캠페인은 여성 CEO를 지원하는 차원을 넘어 데이터라는 객관적 근거를 통해 투자 시장의 성별 편견을 해소한 혁신이다. 또한 여성 리더십의 가치를 수치로 증명함으로써 기업경영에서 젠더 평등 실현 가능성을 구체적으로 제시한 획기적인 사례다. 이 솔루션은 2024년 칸 라이언즈 글래스 부문에서 그랑프리를 받았다. 글래스는 '유리 천정Glass Ceiling'을 뜻하는 이름으로 여권신장을 통한 젠더 평등에 초점을 맞춘 부문이다.

<h1 style="text-align:center">5.
반전의 스토리가 인식을 바꾸다</h1>

우리가 당연하게 받아들이던 장면이 갑자기 낯설게 뒤집힐 때 사람들의 시선은 멈추고 생각은 흔들린다. 때론 사회적 무관심이나 고정관념을 깨뜨리는 것은 거대한 논리도 복잡한 데이터도 아니고 반전의 서사다. 익숙한 메시지가 사라졌을 때 드러나는 불편한 진실, 존재해야 할 학생들이 자취를 감춘 졸업식장에서 느껴지는 상실감, 편견으로 외면되어 온 여성 선수들의 발자취가 드러났을 때 느껴지는 불평등과 같은 반전은 사회가 외면하던 현실을 직시하게 만드는 극적 장면을 연출한다.

이 카테고리에 소개한 '삭제되기 전에 체크하세요Check it before it's removed.' '로스트 클래스The Lost Class' '여성 축구Women's Football'가 제

시한 솔루션은 모두 스토리텔링의 전환에서 출발했다. 기존의 권력 구조, 검열, 또는 무관심 속에 묻혀 있던 문제를 드러내기 위해 사람들에게 익숙한 형식을 빌리되 그것을 뒤집어버림으로써 메시지의 힘을 극대화했다. 서술 기법으로서 반전이 결국 인식을 재구성하는 사회적 장치로 기능한 것이다. 그 결과 사람들은 스스로 묻는다. "왜 우리는 이 사실을 보지 못했을까?" 이 질문은 곧 행동으로 이어지고 인식의 변화는 사회 변화를 위한 첫걸음이 된다.

'삭제되기 전에 체크하세요'(2017)

: 검열을 뒤집은 유방암 자가 진단 행동 캠페인

브랜드	핑크리본 독일Pink Ribbon Germany
크리에이티브 에이전시	DDB그룹, 독일DDB Group, Germany
지속가능발전목표	03. 건강과 웰빙
수상	– 2016 칸 라이언즈, 펀드레이징 앤드 애드보커시 부문 금상 – 2016 LIA, 퍼블릭 서비스·사회 복지 부문 금상

[문제]

유방암은 여성 8명 중 1명에게 발병하는 흔하면서도 치명적인 질병으로 조기 발견이 무엇보다 중요하다. 하지만 '핑크리본 독일'이 직면한 현실은 유방암 예방을 위한 공익 메시지조차 소셜미디어에서 검열된다는 점이었다. 유방과 관련된 이미지가 자동으로 누드나 민감한 콘텐츠로 분류돼 삭제되는 바람에 여성들에게 꼭

전해야 할 메시지가 차단되고 있었다.

[솔루션]

핑크리본은 이를 극복하기 위해 DDB그룹 산하의 'DDB베를 린'과 협력하여 역발상적 캠페인을 기획했다. 검열될 것을 예측하고 오히려 일부러 눈에 띄는 유방 이미지를 공개한 것이다. 2016 년 세계 여성의 날에 17명의 용감한 여성들이 페이스북과 인스타그램에 나체의 가슴을 드러내며 '삭제되기 전에 체크하세요Check it before it's removed.'라는 메시지를 전했다. 검열 알고리즘의 한계를 정면으로 겨냥해 삭제되기 전 공유하라는 긴급성 메시지를 퍼트린 것이다.

그러자 유명 인사, 가수, 블로거, 운동선수 등 인플루언서들이 수백만 팔로어들에게 빠르게 이 사진들을 공유했다. 곧 플랫폼 측은 해당 게시물들을 삭제하기 시작했지만 역설적으로 삭제되는 순간 언론과 미디어가 이 이야기를 대대적으로 다루면서 캠페인은 폭발적으로 확산했다.

[결과 및 의의]

성과는 인상적이었다. SNS에서 약 2,900만 회 도달, 미디어 환산 가치로 약 220만 유로의 무료 홍보 효과를 창출했다. 핑크리본 웹사이트의 유방 자가 진단 정보 페이지 방문자는 무려 2만 7,984% 증가했고 자가진단 튜토리얼 영상은 92%라는 놀라운 완전 시청률을 기록했다. 이 캠페인은 정보만 제공하지 않고 여성들이 실제로 행동하도록 촉구하면서 메시지의 지속성을 극대화했다. 검열조차 역이용해 사회적 담론을 확장한 크리에이티브 솔루션의 모범적 사례로 기록됐다.

이 솔루션은 2016 칸 라이언즈 펀드레이징 앤드 애드보커시 부문 금상을 수상해 창의적인 펀드레이징 방법을 제시한 모범사례로 기억되고 있다.

'로스트 클래스'(2023)
: 상징적 연출로 사회 인식을 바꾼 총기 규제 캠페인

브랜드	체인지 더 레프Change the Ref

크리에이티브 에이전시	레오 버넷, 시카고_{Leo Burnett, Chicago}
지속가능발전목표	16. 평화·정의·제도
수상	– 2023 원쇼, 베스트 오브 쇼 – 2023 D&AD, 블랙 펜슬 – 2022 클리오 어워즈, 그랜드 클리오

[문제]

2021년 미국 고등학교 졸업반 중 3,044명은 총기 폭력으로 목숨을 잃어 졸업식에 참석하지 못했다. 미국 사회 전반에 만연한 총기 난사 사건이 얼마나 많은 삶과 기회를 앗아갔는지를 보여주는 상징인 누적 수치다. 그러나 총기 문제에 대한 사회적 논의는 사건이 발생할 때마다 잠시 수면 위로 떠올랐다가 곧 잊히는 구조적 한계를 지니고 있었다.

[솔루션]

미국 플로리다 파크랜드 총기 난사 사건에서 아들을 잃은 부모 마누엘과 패트리샤 올리버Manuel and Patricia Oliver가 설립한 비영리단체 '체인지 더 레프Change the Ref'는 이러한 상황을 끝내기 위해 프로젝트를 기획했다. 바로 가짜 고등학교 '제임스 매디슨 아카데미James Madison Academy'를 활용한 인식 전환 캠페인이다. 캠페인 팀은 전 전미총기협회NRA, National Rifle Association 회장 데이비드 킨David Keene을 비롯한 총기 옹호 인사들을 초청해 가상의 졸업식 연설을 하도록 연출했다. 미합중국 제4대 대통령 제임스 매디슨James Madison은 미국 수정 헌법 2조, 즉 총기 소유 권리를 보장하는 조항을 발의한 인물이기도 하다.

이 졸업식 무대 앞에는 빈 의자 3,044개가 놓였다. 이는 총기 사건으로 인해 졸업하지 못한 학생들을 상징하는 동시에 장례식 묘지를 연상케 하며 강렬한 시각적 정서적 충격을 주었다. 연설 장면은 실제 졸업식처럼 촬영돼 공식 캠페인 영상으로 공개됐다. 이는 의도치 않게 총기 옹호자가 반反총기 메시지를 전달하는 아이러니한 장면으로 연출돼 전 세계가 주목했다.

[결과 및 의의]

로스트 클래스Lost Class 프로젝트는 2023 한 해 창의적 솔루션을 대표하는 프로젝트로 자리했다. 결과도 압도적이었다. 졸업식의 빈 의자들은 감정적 공감과 행동 촉발의 강력한 장치로 작동했다.

캠페인 관련 서명은 4만 1,000건 이상 수집됐고 소셜미디어에서 2억 5,000만 회 뷰 이상의 노출을 기록했다. 또한 「레이첼 매도 쇼Rachel Maddow Show」를 비롯한 주요 언론이 집중적으로 보도하면서 이 프로젝트는 정책 변화를 촉구하는 플랫폼으로 확장됐다.

결국 이 캠페인은 미국 사회의 고질적 문제를 다시금 공론화하고 총기 규제 강화를 요구하는 집단적 목소리를 결집하는 데 기여한 창의적 브랜드 액티비즘의 대표적 사례로 남게 됐다. 이 솔루션은 2023년 원쇼에서 모든 출품작 중 딱 하나를 가리는 그랜드 그랑프리에 해당하는 베스트 오브 쇼에 선정됐고 D&AD의 최고상인 블랙 펜슬을 수상했다.

'여성 축구'(2024)

: 반전 스토리텔링으로 재정의한 젠더 평등의 시선

브랜드	오랑주Orange
크리에이티브 에이전시	마르셀, 파리Marcel, Paris
지속가능발전목표	05. 젠더 평등
수상	- 2025 원쇼, 그린 펜슬 - 2024 칸 라이언즈, 필름 부문 그랑프리

[문제]

여성 축구는 선수들의 기술적 역량이 남성 못지않음에도 불구하고 여전히 성별 편견과 고정된 시선 속에서 정당한 주목을 받지 못

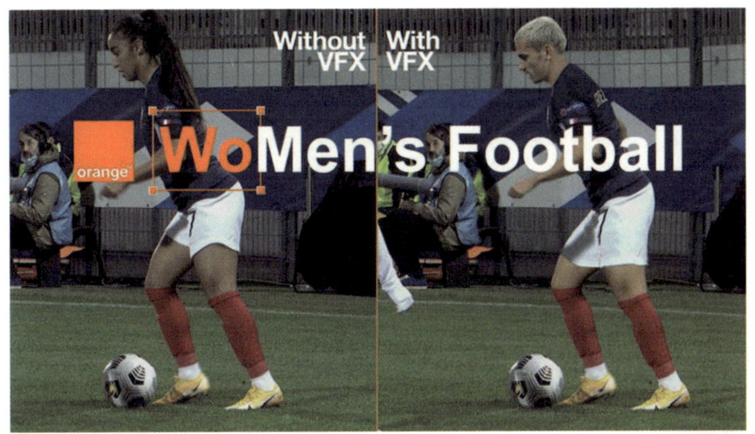

하고 있다. 많은 축구 팬들은 여성 선수들의 플레이를 평가할 때 무의식적으로 남성 선수들의 플레이를 기준 삼아 비교하는 프레임을 적용하곤 했다.

[솔루션]

이 문제를 정면으로 다루기 위해 프랑스 통신사 '오랑주'는 '마르셀 파리'와 협업하여 여성 축구Women's Football 선수들의 기술을 남성 선수의 플레이처럼 보이게 만든 VFX 딥페이크 영상을 제작했다. 영상은 초반부에 마치 프랑스 남자 국가대표팀의 눈부신 경기 장면처럼 구성해 시청자의 기대감을 끌어올렸다. 하지만 중반부에 이 플레이가 사실은 프랑스 여자 국가대표팀의 기술임을 밝히며 반전을 선사했다. 마지막에는 '오랑주는 남자 국가대표를 응원할 때 여자 국가대표도 함께 응원합니다_{At Orange, when we support les Bleus, we support les Bleues.}’라는 메시지로 캠페인의 의도를 분명히 드러냈다.

[결과 및 의의]

결과는 폭발적이었다. 캠페인 영상은 단기간에 2억 뷰 이상을 기록했고 그중 200만 건 이상이 유기적 조회수_{Organic Views}[6]였다. 또한 91개국에서 450회 이상 언론 보도가 이어졌고 프랑스 스포츠 장관을 비롯한 유명 인플루언서들의 자발적 공유로 확산했다. 공식 영상은 1,500만 조회수를 달성하며 2024년 한 해 가장 바이럴된 브랜딩 필름 중 하나로 자리 잡았다. 동시에 칸 라이언즈, 원쇼, D&AD, 클리오 등 세계 주요 크리에이티브 어워드를 휩쓸며 오랑주가 젠더 평등에 대한 브랜드의 진정한 의지를 반전의 스토리텔링으로 멋지게 구현했다는 평가를 받았다.

6.
브랜드의 핵심 자산을 정의 구현에
활용하다

브랜드가 가진 가장 강력한 무기는 고유의 자산이다. 평소에는 시장 경쟁에서 차별화 요소로 작동하는 이 자산이 사회 정의를 구현하는 순간에는 공공의 솔루션으로 전환된다. 여기에 소개한 '셰어드 세이프티Shared Safety' '일렉션스 에디션The Elections Edition' '사이트워크스Sightwalks'의 공통된 출발점은 문제를 외부에서 찾기보다 브랜드 내부의 핵심 역량을 재해석한 데 있다.

제조사의 안전 관리 네트워크는 곧 노동자의 안전망이 됐고, 미디어 기업의 발행물은 선거의 투명성을 지키는 도구로 전환됐고, 도로 블록을 제조하는 인프라는 시각장애인의 이동권을 확장하는 자산으로 쓰였다. 여기서 중요한 인사이트는 정의 구현에 특별한 기술이나 추가적 자원이 필요한 것이 아니라는 점이다. 브랜드가 이미 가지고 있는 자산을 다르게 바라보고 그것을 사회적 선을 위해 배치했을 때 전혀 새로운 솔루션이 탄생했다. 그 결과 이 프로젝트들은 브랜드와 사회가 서로 분리된 존재가 아니라는 사실을 일깨운다. 브랜드 자산은 사회 자산이며 사회 정의는 브랜드 신뢰로 돌아온다.

'셰어드 세이프티'(2023)
: 언어 장벽을 넘어선 스마트 안전 솔루션의 도입

브랜드	호반건설 + 플럭시티Pluxity
크리에이티브 에이전시	파울러스, 서울Paulus, Seoul
지속가능발전목표	03. 건강과 웰빙
수상	– 2023 IF, UX 부문 금상·서비스 디자인 부문 위너

[문제]

전 세계 건설 노동자 중 상당수가 외국인 근로자로 구성돼 있다. 그런데 이들은 언어 장벽과 기술 이해도의 차이로 인해 현장에서 중요한 안전 정보를 제대로 전달받지 못하는 경우가 많았다. 기존 안전 관리 플랫폼은 기본적으로 언어와 기술적 역량을 갖춘 노동자를 전제로 설계돼 있다. 그렇기에 이주 노동자들은 구조적으로 사각지대에 놓였고 그만큼 사고 위험성은 커질 수밖에 없었다.

[솔루션]

이 문제를 해결하기 위해 '호반건설'은 건설 현장에서 사용되는 디지털 트윈Digital Twin 기술을 새로운 방식으로 적용했다. 디지털 트윈은 실제 건설 현장의 복잡한 정보를 실시간으로 3D 가상공간에 동기화해 시뮬레이션하고 관리하는 기술이다. 원래는 효율과 생산성을 높이기 위한 목적으로 활용해 왔다.

그러나 호반건설은 한국에서 일하는 이주 노동자들이 언어 장벽으로 인해 위험에 더 쉽게 노출된다는 점에 주목했다. 이에 따라 관리자는 디지털 트윈을 통해 현장 상황을 직관적으로 파악할 수 있고 동시에 작업자는 동일한 정보를 '시각적 인터페이스Visual Interface'로 공유받을 수 있도록 시스템을 설계했다. 특히 이주 노동자에게는 '스마트 밴드'를 지급해 6가지 픽토그램 형태의 위험 신호를 전달함으로써 한글을 몰라도 즉각적으로 위험을 인지할 수 있도록 했다.

[결과 및 의의]

그 결과 셰어드 세이프티Shared Safety 솔루션은 사물인터넷 센서와 디지털 트윈의 결합을 통해 현장의 위험성과 이상 징후를 실시간으로 시각화하고 관리자와 작업자 간 양방향 정보가 공유되도록 했다. 또한 누구나 이해할 수 있는 직관적 픽토그램 알림을 받을 수 있는 스마트 밴드 기반 경고 시스템은 사용 편의성과 접근성을 극대화해 사고를 예방하는 효과를 높였다. 이는 전통적 건설업에 디지털 트윈과 확장현실XR 기반의 스마트 안전 관리 시스템을 도입한 대표적 사례로 평가된다. 나아가 이 솔루션은 특정 기업만의 폐쇄적 시스템이 아니라 오픈 플랫폼으로 확장 가능하기에 전 세계 수십만 건설 현장에서 적용할 수 있는 글로벌 확장성을 갖춘 혁신적 모델로 자리매김했다.

이 브랜디드 솔루션은 레드닷Red Dot과 더불어 디자인 어워드의 투톱인 IF 어워즈에서 금상을 받았다. 이는 기능과 아름다움을 추구하던 디자인 영역에서 지속가능 주제를 다루는 디자인 솔루션이 급부상하고 있다는 사실을 입증한다.

'일렉션스 에디션'(2022)

: 사라진 신문 한 부가 바꿔낸 선거의 미래

브랜드	안나하르 신문An-Nahar Newspaper
크리에이티브 에이전시	임팩트BBDO, 베이루트·두바이Impact BBDO, Beirut·Dubai
지속가능발전목표	16. 평화·정의·제도
수상	- 2022 D&AD, 프레스 앤드 아웃도어 부문 옐로 펜슬, 택티컬 포스터 광고 부문 옐로 펜슬, 임팩트·로컬 솔루션 부문 우드 펜슬

[문제]

레바논은 부패한 정치권력, 화폐 가치 하락, 부채 위기 등으로 붕괴 직전까지 몰리며 역사적으로 높은 인플레이션을 겪었다. 그 결과 인구의 75%가 빈곤선 아래로 추락했다. 식량, 휘발유, 의약품은 물론 신문 발행에 필요한 잉크와 종이조차 희소해졌다. 레바논 국민은 수십 년 동안 선거를 지배해온 정치 엘리트 계층이 국가를 위기에 빠뜨린 데 책임을 묻고 다가올 총선이 변화를 가져올 마지막 희망이라고 믿었다.

그런데 정부 관계자들은 충격적이고 노골적인 선거 방해 시도를 했다. 정부 관계자들은 '투표용지 인쇄에 필요한 잉크와 종이 부족'을 이유로 들어 선거가 취소될 수 있다고 국민을 위협했다.

이때 행동에 나선 것이 레바논의 대표 일간지 「안나하르」였다. 신문은 창간 88년 역사상 처음으로 2022년 2월 2일 단 한 장의 인쇄본도 발행하지 않았다. 대신 그날 신문 발행에 쓰일 예정이던 모든 종이와 잉크를 트럭에 실어 정부인쇄소Government Printing House로 직접 전달해 투표용지 인쇄에 사용하도록 한 것이다. 그날 아침 사람들이 가판대를 찾았을 때 텅 빈 진열대에는 '오늘 신문 발간에 쓰일 종이와 잉크는 2022년 선거 투표용지를 인쇄하는 데 전달됐습니다.'라는 단 한 줄의 메시지만 붙어 있었다.

또한 가판대에 함께 비치된 QR코드는 온라인판으로 연결돼 있어 사람들은 왜 신문이 발행되지 않았는지를 확인할 수 있었다. 이 '존재하지 않는 신문'은 곧바로 소셜미디어에서 폭발적으로 퍼지며 국민적 지지를 끌어냈다. 경쟁 언론사, 주요 방송 채널, 정치 토론 프로그램까지 모두 이 캠페인을 보도했다. 일부 선거 후보자들도 공개적으로 이 운동에 동참했다. 그날 온라인판은 「안나하르」 역사상 가장 많이 읽힌 기록을 세웠다. 이후 시민과 기업들의 기부로 전체 인구 규모에 맞는 투표용지를 인쇄할 만큼 충분한 종이와 잉크가 확보됐다.

[결과 및 의의]

일렉션스 에디션The Elections Edition 캠페인 이후 정부는 단 한 차례도 '종이와 잉크 부족'을 선거 지연의 이유로 언급하지 못했다. 선거는 5월 예정대로 치러졌고 개혁 성향의 신인 정치인들이 등장할 수 있었다. 무엇보다 이 솔루션의 독창성은 언론이 보도를 통한 정의 구현에 머물지 않고 행동으로 참여했다는 점이다. 즉 언론의 핵심 자원인 종이와 잉크를 사회적 실천의 도구로 전환해 선거권이 단순한 법적 권리에서 선거권 보장을 위한 실제적 행동으로 확장될 수 있음을 보여주었다.

「안나하르」의 선택은 언론이 사실을 전달하는 창구를 넘어 시민의 권리를 지키는 직접적 주체가 될 수 있음을 입증한 강력한 메시지이자 행동하는 저널리즘의 혁신적 사례로 평가된다. 이 솔루션은 2022년 D&AD의 프레스 앤드 아웃도어와 택티컬 포스터 광고 부문에서 옐로 펜슬을 수상했다. 신문이라는 미디어의 전략적 활용이 돋보였던 것이다.

'사이트워크스'(2024)

: 촉각 정보 디자인으로 이동권을 확장한 공공 솔루션

브랜드	솔 시멘트Sol Cement
크리에이티브 에이전시	서커스 그레이, 페루Circus Grey, Peru
지속가능발전목표	10. 불평등 감소 01. 지속가능한 도시와 공동체
수상	- 2024 칸 라이언즈, 디자인 부문 그랑프리·지속 가능발전목표SDGs 부문 금상

대부분의 보도와 도시 인프라는 비장애인을 기준으로 설계돼 있어 시각장애인은 일상에서 큰 제약을 겪는다. 은행, 약국, 병원, 버스 정류장 같은 기본 시설의 위치조차 정확히 알 수 없다. 또한 일부 보도에 설치된 점자 블록 역시 길의 방향이나 교차로 존재 여부만 알려 줄 뿐 목적지 정보를 전달하지 못한다.

물론 앱 기반 내비게이션이나 스마트 안경 같은 첨단기술이 존재한다. 하지만 가격과 접근성의 한계 때문에 다수 시각장애인이 실제로 사용하기 어렵다. 이로 인해 불필요하게 주변 사람들에게 도움을 요청하거나 잘못된 길로 이동해 위험에 노출되는 상황이 빈번히 발생했다.

페루의 시멘트 회사 '솔 시멘트'는 이를 해결하기 위해 보도블록

에 새로운 촉각 타일Tactile Tile 시스템을 도입했다. 시각장애인이 지팡이로 터치했을 때 타일에 새겨진 선의 패턴을 통해 주변 상업시설의 유형을 식별할 수 있도록 설계한 것이다. 예를 들어 세로선 한 줄은 음식점, 두 줄은 은행, 세 줄은 식료품점, 네 줄은 약국, 다섯 줄은 버스 정류장, 여섯 줄은 병원을 의미한다. 또한 가로선은 그 시설이 길의 왼쪽에 있는지, 오른쪽에 있는지를 알려 주는 역할을 한다.

사이트워크스Sightwalks 시스템은 페루의 시각장애인을 돕는 단체 UNCP, YSSO, CERCIL과 협업하여 실제 현장에서 반복적인 테스트와 수정을 거쳐 완성됐다. 첨단기술이 아닌데도 단순하면서도 직관적인 물리적 디자인을 통해 실질적 변화를 만들어낸 솔루션이었다.

　페루의 수도 리마의 미라플로레스 지구에서만 7만 5,000제곱미터 이상의 보도에 적용됐고 50만 명 이상의 시각장애인이 직접적인 혜택을 받았다. 더 나아가 이 시스템은 오픈소스 방식으로 설계와 특허가 공개돼 다른 도시와 국가에서도 자유롭게 채택할 수 있도록 했다. 전 세계 도시 설계자들에게 확장 가능한 모델을 제시한 것이다. 무엇보다 이 사례는 디자인이 미적 요소를 넘어 사회 문제를 해결하는 강력한 수단이 될 수 있다는 메시지를 전했다.

　이 브랜디드 솔루션은 디자인 본연의 기능이 인간을 위한 실질적 편의와 안전에 있다는 사실을 다시금 상기시킨 혁신적 사례로 자리매김했다. 그 결과 2024년 칸 라이언즈의 디자인 부문에서 그랑프리를 받음으로써 지속가능 디자인의 중요성을 다시 한번 알리는 계기가 됐다.

7.
제품 개발부터 지속가능의 해법을 담다

지속가능성은 더 이상 제품 판매 이후의 사후적 책임이나 포상지의 변화에서 끝나지 않는다. 이제 브랜드는 개발 단계에서부터 환경과 사회를 고려하는 설계 철학을 채택해야 한다. '도 블랙Do Black' '트렌스젠더를 위한 바디로션Transition Body Lotion' '나노 쿨링 필름Nano Cooling Film'과 같은 사례들은 그 변화의 방향을 선명하게 보여준다.

이들의 공통점은 제품 그 자체가 곧 해법이 되도록 설계했다는 점이다. 결제할 때마다 탄소 배출량을 제한하거나 개인의 몸과 정체성 변화를 존중하는 제조법을 개발하거나 빛과 열을 차단해 에너지를 절감하는 필름을 만들 때 제품은 소비재에서 지속가능성을 구현하는 매개체로 재탄생한다. 여기서 발견하는 인사이트는 명확하다. 지속가능성은 부가 요소가 아니라 제품 가치의 본질이 될 수 있다는 것이다. 기술, 디자인, 제조법, 시스템의 모든 단계에서 환경적, 사회적 고려를 내재화할 때 브랜드는 더 이상 지속가능성을 설명할 필요조차 없다. 제품이 스스로 그 메시지를 담고 있기 때문이다.

이러한 접근은 소비자에게 선택의 이유를 넘어 행동 촉구call to action의 근거를 제공한다. 사람들은 더 나은 제품을 소비하는 동시에 더 나은 세상을 지지하게 된다.

'도 블랙'(2019)

: 신용카드에 담긴 탄소 배출 줄이기 솔루션

브랜드	도코노미Doconomy
크리에이티브 에이전시	RBK커뮤니케이션, 베를린RBK Communication, Berlin
지속가능발전목표	12. 지속가능한 소비와 생산 13. 기후변화 대응
수상	- 2019 칸 라이언즈, 크리에이티브 이커머스 부문 그랑프리 - 2020 원쇼, IP 앤드 프로덕트 부문 금상

[문제]

인간이 일상생활에서 하는 수많은 활동은 모두 이산화탄소를 배출한다. 예를 들어 우리가 흔히 먹는 가공식품이나 비누를 만드는 데 들어가는 팜유는 기름야자나무 열매에서 추출한다. 이를 얻기

위해 인도네시아 수마트라섬과 같은 열대우림 지역에서는 대규모 방화가 일어난다. 실제로 2015년 수마트라섬의 열대림 방화로 발생한 이산화탄소 배출량은 미국 전역의 연간 배출량을 넘어섰나. 또 다른 예로 전 세계인이 즐겨 먹는 햄버거는 쇠고기 패티로 인해 막대한 탄소 배출을 유발한다. 미국 땅의 47%가 식량 생산에 사용되는데 그중 무려 70%가 소 사료 재배에 쓰인다. 문제는 소들이 식사 후 트림을 할 때 내뿜는 메탄가스다. 메탄 분자 하나의 온실 효과는 이산화탄소 분자 23개와 맞먹는다. 이렇게 환산하면 햄버거 하나를 만드는 과정에서 발생하는 이산화탄소 양은 에어컨을 24시간 가동했을 때 배출하는 양과 비슷하다.

탄소 배출 문제가 시대의 화두가 된 지금 개인 소비가 얼마나 많은 이산화탄소를 발생시키는지는 쉽게 체감하기 어렵다. 또한 기존 금융 시스템 역시 이를 반영하지 못했다. 그러나 개인 소비가 전 세계 탄소 배출량의 약 60%를 차지한다는 점에서 이를 줄일 수 있는 행동 유도형 도구가 없다는 것은 심각한 문제였다. 소비 습관을 직관적이고 실질적으로 기후 행동과 연결할 수 있는 새로운 솔루션이 필요했다.

[솔루션]

스웨덴 핀테크 기업 '도코노미'는 세계 최초로 이산화탄소 한도 기능을 갖춘 신용카드 '도 블랙Do Black'을 마스터카드와 함께 출시했다. 이 카드는 사용자가 결제할 때마다 품목별 탄소 배출량을 알려주는 '올란드 지수Åland Index'를 기반으로 거래별 탄소 발자국을 계산한다. 만약 사용자가 연간 설정된 탄소 배출 한도를 초과하면 결제가 자동으로 차단된다. 또한 앱을 통해 탄소 오프셋Carbon Offset[7] 기부 기능도 제공해 이용자가 자신의 탄소 배출을 다른 곳에서의 감축 활동으로 보상할 수 있게 했다.

[결과 및 의의]

출시 이후 1만 명 이상이 회원으로 가입했고 70개 이상의 은행 및 카드사가 파트너십 도입을 검토했다. 미디어 도달 수는 3,500만 회를 넘어섰고 지속가능성과 핀테크를 다룬 서밋에서 기조연설 사례로 소개됐다. 도 블랙 카드의 의의는 소비 행동을 곧바로 기후 행동으로 전환할 수 있는 실질적인 도구를 제공한 데 있다. 기존의

'그린카드Green Card'가 기부를 통해 탄소중립을 추구했다면 도 블랙은 사용자의 소비 행위 자체를 제한함으로써 지속가능성을 유도했다. 이는 금융 상품이 결제 수단이면서 기후 행동의 도구로 기능할 수 있음을 증명한 획기적 사례였다.

무엇보다 이 브랜디드 솔루션은 소비자가 일상에서 지속가능성을 손쉽게 실천하고 늘 탄소 배출에 대한 자각을 갖게 하는 장치가 됐다. 오늘날 기업의 사회적 책임CSR은 더 이상 기업만의 과제가 아니다. 소비자의 소비 행태 역시 사회적 책임의 일부가 돼야 한다. 이는 '소비자의 사회적 책임CSR, Consumer's Social Responsibility'이라는 새로운 개념으로 확장되고 있다. 이 솔루션은 2019년 칸 라이언즈의 크리에이티브 이커머스 부문에서 그랑프리, 2020년 원쇼의 IP 앤드 프로덕트 부문에서 금상을 수상하여 비즈니스 플랫폼 자체가 환경 문제 해결이 될 수 있음을 보여준 모범적 벤치마킹 사례가 됐다.

'트랜스젠더를 위한 바디로션'(2024)
: 소외된 피부를 위해 개발한 성분의 혁신

브랜드	유니레버 바셀린Unilever Vaseline
크리에이티브 에이전시	오길비, 싱가포르Ogilvy, Singapore
지속가능발전목표	03. 건강과 웰빙 05. 젠더 평등
수상	- 2024 칸 라이언즈, 글래스 부문 그랑프리 - 2025 원쇼, 그린 펜슬

[문제]

일반적인 스킨케어 제품은 트랜스젠더 여성이 호르몬 치료를 받으며 겪게 되는 피부 건조, 칙칙해짐, 과색소 침착과 같은 특정 문제점을 해결하지 못했다. 그래서 트랜스젠더 커뮤니티는 자신들의 피부 고민을 반영한 맞춤형 보습 솔루션이 없다는 점에서 소외감을 느끼고 있었다.

[솔루션]

유니레버의 브랜드 바셀린은 트랜스젠더 여성들과 2년에 걸쳐 공동 연구를 진행해 '트랜지션 바디 로션Transition Body Lotion'을 출시했다. 이 제품은 이소플라본(식물성 에스트로겐)을 비롯한 혁신적 성분을 제조법에 담아 호르몬 치료로 인한 피부 문제를 과학적으로 완화하고 개선할 수 있도록 설계됐다. 캠페인은 '국제 트랜스젠더 가시성의 날International Transgender Day of Visibility'에 맞춰 태국에서 론칭됐으며 TV, 온라인, 인쇄 광고를 통해 트랜스젠더 커뮤니티와 직접적으로 소통했다. 이 광고는 태국에서 1억 5,800만 회가 넘는 노출을 달성하며 사회적 주목과 메시지 확산에 성공했다.

[결과 및 의의]

제품은 출시 6개월 만에 바셀린의 고급 제품군에서 두 번째로 많이 판매되는 제품이 됐으며 총 7만 1,600개가 판매됐다. 시장 점유율은 2024년 2분기 기준 35.2%로 사상 최고치를 기록했다. 소비자 조사에서도 54%가 "LGBTQ+ 커뮤니티를 돕는 브랜드에 자신감이 생긴다."라고 응답했으며 브랜드 파워는 0.7% 상승했다. 특히 브랜드의 의미성 지표가 6.8%나 상승해 소비자들이 브랜드 가치에 더 큰 의미를 부여하기 시작했음을 보여주었다.

이 캠페인의 의의는 포용성 메시지만을 외치는 데 그치지 않고 실제로 트랜스젠더 여성의 피부 고민을 해결하기 위해 제품을 사용할 소비자와 공동 창작했다는 점에 있다. 즉 주요 타깃의 목소리를 경청하고 공동 창작 과정을 거쳤기 때문에 브랜드 신뢰가 더욱 강화됐다. 이 솔루션은 2024년 칸 라이언즈의 글래스 부문 그랑프리를 수상함으로써 제품의 출생 자체가 지속가능의 솔루션이 될 수 있다는 사실을 다시 한번 입증했다.

'나노 쿨링 필름'(2024)

: 뜨거운 도시를 식히는 패시브 쿨링 혁신

브랜드	현대자동차그룹Hyundai Motor Group
크리에이티브 에이전시	파울러스, 서울Paulus, Seoul
지속가능발전목표	13. 기후변화 대응 09. 산업·혁신·인프라
수상	- 2024 LIA, 이노베이션 부문 금상 - 2025 원쇼, 지속가능발전 펜슬·그린 펜슬

[문제]

파키스탄의 대도시 라호르Lahore는 여름철 기온이 때론 50도를 넘는 극한의 더위를 기록하는 곳이다. 이 지역은 전 세계에서 두 번째로 대기 오염이 심각한 도시로 꼽히기에 창문을 열어 환기하는 것도 쉽지 않다. 그 때문에 차량 내부는 항상 고온에 노출될 수밖에 없고 냉방을 위해 에어컨 사용은 필수다. 그러나 에어컨에 의존할수록 에너지 소비와 탄소 배출이 증가하고 운전자의 연료비 부담도 가중된다. 일반적으로는 틴트 필름Tint Film을 창문에 부착해 차량 내부 온도를 낮추는 패시브 쿨링Passive Cooling 방식이 널리 사용된다. 하지만 파키스탄에서는 불투명 틴트 필름이 법적으로 금지돼 있어 활용이 제한적이었다.

[솔루션]

현대자동차그룹 기술팀은 3겹 구조로 설계된 혁신적 솔루션으

로서 '나노 쿨링 필름Nano Cooling Film'을 개발했다. 이 필름은 외부 태양열은 반사하고 내부 적외선 열은 외부로 방출하는 방사 냉각Radiative Cooling 원리를 적용해 차량 내부 온도를 최대 10~12도 이상 낮출 수 있는 효과가 있다. 무엇보다 필름이 투명하기 때문에 불투명 틴트에 적용되는 법적 제약을 받는 중동 지역과 인도에서도 합법적으로 사용할 수 있다는 확장성이 있다. 이러한 기술적 진보는 유엔의 '글로벌 쿨링 플레지Global Cooling Pledge'와 같은 국제 기후 대응 이니셔티브와도 맥을 같이 하는 지속가능한 브랜디드 솔루션이 됐다.

[결과 및 의의]

라호르 현지 테스트에서 동일 조건 비교 시 운전석 근방 온도가 최대 약 20도까지 낮아지는 효과를 확인했다. 또 다른 테스트에서는 필름을 부착하지 않은 경우 대비 22도, 기존 틴트 필름 대비 19.8도 이상의 냉각 효과가 입증됐다. 이를 대중에게 알리기 위해 연 '히트 테크 데이Heat Tech Day' 이벤트에서는 실차 테스트를 공개했다. 강한 태양광 조건에서 실제 차량 내부 온도가 최대 20도까지 낮아지는 장면이 실증되며 화제를 모았다. 캠페인의 홍보 효과도 막대했다. 전 세계에서 2억 회 이상 노출됐다. 그리고 220개 이상의 언론 매체 게재와 약 25만 달러 상당의 언드 미디어Earned Media[8] 가치를 창출했다.

현대자동차그룹은 캠페인을 통해 확보한 데이터 기반 실증Data-Driven Proof을 바탕으로 향후 양산 계획을 구체화하고 있다. 이를 제네시스와 현대 상용차를 포함한 다양한 차량 모델에 적용할 예정이다. 이는 지속가능한 모빌리티 솔루션으로 확산할 가능성을 보여주는 신호탄이기도 하다. 이 솔루션은 2025년 원쇼의 지속가능 발전 펜슬과 그린 펜슬을 수상했고 2024년 LIA의 이노베이션 부문에서 금상을 수상했다. 그리고 2024년 아시아-태평양 지역에서 가장 권위 있는 PR 시상식 중 하나인 세이버 어워즈SABRE Awards에서 자동차 부문 유일한 수상작으로 선정되며 평판으로도 성능을 입증했다.

8.
혼합현실 기술이 평등과 정의를 말하다

같은 기술이라도 창의성이 접목될 때 우리는 마술과 같은 현실을 체험하게 된다. 기술이 마술이 되는 것이다. 여기에 소개한 혼합현실MR 기술은 숨겨진 현실을 드러내고, 지워진 목소리를 되살리고, 닫힌 문을 열어젖히는 도구로 기능한다.

이 솔루션들의 공통된 방식은 가려진 서사를 다시 눈앞에 펼쳐 보이는 것이다. 고향으로 돌아가지 못한 이들의 여정을 가상으로 재현하고, 교과서에 빠진 여성 인물들의 이야기를 증강현실로 소환하고, 금서로 사라진 책들을 디지털 도서관에서 다시 만나게 한다. 그럼으로써 기술은 체험을 넘어 사회적 불평등을 직시하게 만드는 창이 된다. 여기서 핵심 인사이트는 현실이 언제나 공정하지 않다는 것이다. 역사, 제도, 교육, 문화 속에서 특정 집단은 지워지고 어떤 목소리는 묵살된다.

혼합현실 기술은 그 빈자리를 다시 채워 넣고 사람들로 하여금 무엇이 부재였는지를 체험적으로 깨닫게 한다. 이를 통해 평등과 정의가 경험을 통해 학습되고 내면화될 수 있다는 가능성을 보여준다. 오락과 몰입을 위한 혼합현실 기술이 사회가 외면한 진실을 다시 살아 움직이게 만드는 정의구현의 장치가 된 것이다. 대표적인 사례로 '고잉홈Going Home' '히스토리로 배우는 역사Lessons in Herstory' '금지된 북클럽Banned Book Club'이 있다.

'고잉홈'(2016)
: 상실을 치유하는 디지털 귀향 경험

브랜드	현대자동차그룹Hyundai Motor Group
크리에이티브 에이전시	플레이그라운드, 서울Playground, Seoul
지속가능발전목표	16. 평화·정의·제도
수상	- 2016 애드페스트, 인터랙티브 로터스 부문 은상 - 2016 칸 라이언즈, 모바일 부문 숏리스트

[문제]

한국의 분단은 수많은 이산가족을 만들어냈다. 대한적십자사 통계에 따르면 광복부터 1950년 한국전쟁을 거쳐 1953년까지 8년간 남한에 정착한 북한 출신 실향민 수는 100만 명으로 추산한다.

그러나 현실적으로 실향민들은 다시는 고향 땅을 밟을 수 없는 상황에 처해 있다. 그들에게 고향은 기억 속에서만 존재하는 그리움이자 영원한 상실로 남았다. 이들의 정서적 결핍을 치유하고 비록 물리적 방문은 불가능하더라도 그에 상응하는 방북 경험을 제공할 필요성이 제기됐다.

[솔루션]

현대자동차그룹의 '고잉홈Going Home' 프로젝트는 이러한 문제의식에서 출발했다. 실향민 김구현 씨가 어린 시절 살던 고향을 다시 찾는 여정을 자동차 내부에서 가상현실 드라이브Virtual Reality Drive로 체험할 수 있도록 구현했다. 시각적인 사실감을 위해 정지해 있는 자동차 앞에 가로 28.2미터, 세로 6미터의 반구형 대형 스크린을 설치하고 스크린 위에 북한의 거리 영상이 흐르도록 해서 실제 이동하는 듯한 느낌을 주는 방식이었다. 이를 위해 공간 정보 오픈플랫폼 '브이월드VWorld', 현대자동차그룹의 '내비게이션 & HMI 기술'과 '3D 복원 기술'을 결합해 김구현 씨가 기억하는 다리, 길, 광고판, 부모님의 무덤까지 디테일하게 재현하여 현실에 가까운 장면을 복원했다. 그리고 마침내 북한을 떠난 지 71년 만에 고향으로 돌아가는 감정적 귀환 장면을 영상으로 제작해 깊은 울림을 전달했다.

[결과 및 의의]

2015년 말 공개 이후 유튜브 등 온라인 플랫폼에서 1,000만 뷰 이상을 기록하며 대중적 공감대를 끌어냈다. 이를 통해 자동차 제조기업 현대자동차는 '사람 중심의 모빌리티 브랜드'로서 이동 이상의 가치를 제시하는 데 성공했다. 디지털 기술을 통해 잊고 있던 고향과 그에 얽힌 감정을 복원함으로써 '문화적 치유Cultural Healing'의 새로운 지평을 연 것이다.

이 프로젝트는 국내외 미디어와 사용자들 그리고 전 세계 난민들에게서 '기술과 따뜻한 감성이 결합된 작품'이라는 평가를 받았다. 단순한 기술 시연이 아니라 인간적 그리움과 사회적 메시지를 품은 브랜디드 솔루션으로서 브랜드의 역할을 어떻게 사회적 가치 창출로 확장할 수 있는지를 보여준 대표적인 사례다. 또한 유일한 분단국가인 대한민국에 특화된 주제를 다뤘다는 점, 가상현실VR 뷰어 착용에 한정됐던 가상현실 체험의 지평을 넓혔다는 점, 그리고 정주영 창업자의 소 떼 방북의 역사를 가진 현대자동차 그룹의 유산을 이어갔다는 점에서도 의의를 지닌 프로젝트였다. 이 프로젝트는 2016년 애드페스트 인터랙티브 로터스 부문 은상, 2016년 칸 라이언즈 모바일 부문 숏리스트를 수상함으로써 기술의 상상력이 그리움의 현실을 구현하는 가능성을 입증했다.

'히스토리로 배우는 역사'(2020)
: 젠더 평등의 균형을 갖게 하는 증강현실 솔루션

브랜드	도터스 오브 디 에볼루션Daughters of the Evolution
크리에이티브 에이전시	굿바이 실버스테인 앤드 파트너스, 샌프란시스코 Goodby Silverstein & Partners,San Francisco
지속가능발전목표	04. 양질의 교육 05. 젠더 평등
수상	– 2020 원쇼, 모바일 부문 베스트 오브 디시플린 – 2020 칸 라이언즈, 모바일 부문 금상 – 2020 D&AD, 임팩트 디자인 부문 화이트 펜슬·디지털 부문 그라파이트 펜슬

[문제]

미국의 역사 교과서를 장식한 위인들은 거의 모두 남성이었다. 실제로 교과서의 약 89%는 남성 인물에 관한 이야기로 채워져 있다. 이는 말 그대로 '남자가 쓴 남자의 이야기History'였다. 그렇다면 오늘의 미국을 만든 영웅은 크리스토퍼 콜럼버스, 조지 워싱턴, 존 애덤스, 에이브러햄 링컨, 에드거 앨런 포, 토마스 제퍼슨뿐이었던

것일까? 결국 문제의 근원은 어린 시절부터 체득된 균형 잡히지 않은 교육에 있었다.

[솔루션]

이 문제를 해결하기 위해 설립된 단체가 바로 '도터스 오브 디 에볼루션Daughters of the Evolution'이다. 이 단체는 '우리의 딸들이 원하는 세상을 만들어가도록 돕는다Helping our daughters create the world they want to live in.'라는 취지를 가지고 세미나, 워크숍, 문제 해결 아이디어를 통해 사회를 바꾸는 활동을 전개했다. 그들이 집중한 핵심 과제는 '남성과 함께 미국을 만들어왔으나 빛을 보지 못한 여성들을 어떻게 소개할 것인가?'였다. 그 해답은 증강현실AR 기술이었다.

이 방법은 매직 같았다. 아이들이 역사 교과서 속 남성 위인들의 이미지를 스마트폰 앱으로 스캔하면 그 뒤에 숨어 있던 동시대 여성 리더들의 이야기가 증강현실로 펼쳐지는 것이다. 예를 들어 아이들은 여성의 군대 입대가 금지됐던 시절에 미국 최초의 아프리카계 미국인 여군이었던 캐세이 윌리엄스Cathay Williams의 존재를 새롭게 알게 된다. 이렇게 학생들은 마치 마술 같은 교과서를 통해 남성과 여성 영웅을 동시에 만나면서 역사를 균형 잡힌 시선으로 바라보게 됐다. 이 증강현실 앱 속에는 19세기 미국의 여성 영웅 75명의 허스토리Herstory가 숨어 있었다.

[결과 및 의의]

수많은 교육기관이 이 앱을 교재로 채택하며 학생들에게 미국 역사를 다시 바라볼 수 있는 기회를 제공했다. 히스토리로 배우는 역사Lessons in Herstory 프로젝트는 역사에서 잊힌 여성들의 힘을 드러내고 역사를 확장하며 새로운 지평을 연 사례였다. 더 나아가 '도터스 오브 디 에볼루션'과 같은 체계적인 조직이 여성 리더를 키워내고 공교육 현장에까지 영향을 미치고 있다는 점에서 사회적 의미가 크다. 이 프로젝트는 기술 실험이 아니라 '교육 혁신'이었으며 '여성의 역사'를 되살려내고 미래 세대에게 균형 잡힌 시각을 심어주는 '문화적 전환Cultural Shift'의 계기가 됐다. 이 프로젝트는 2020년 원쇼의 모바일 부문에서 그랑프리에 해당하는 베스트 오브 디시플린을, 2020년 칸 라이언즈의 모바일 부문에서 금상을 수상했다. 우리 생활에 필수 불가결한 도구가 된 모바일의 역할에 대한 새로운 관점을 갖게 했다.

'금지된 북클럽'(2024)
: 검열에 저항하는 디지털 민주주의 솔루션

브랜드	DPLADigital Public Library of America
크리에이티브 에이전시	FCB, 시카고FCB, Chicago
지속가능발전목표	16. 평화·정의·제도
수상	– 2024 원쇼, 인터렉티브 부문 금상·퓨전 펜슬 – 2024 칸 라이언즈, 미디어 부문 금상

[문제]

미국은 지금 도서 검열의 위기에 직면해 있다. 보수 정치인들이 흑인, 유색인종, 성소수자 커뮤니티의 목소리를 억압하며 사서들에게 이들의 책을 서가에서 치우도록 강요하고 있다. 2023년 한 해에만 무려 3,059권의 책이 금지됐다. 이는 역사상 가장 높은 수치였다. 문제는 책을 제거하는 것만이 아니라 소프트 검열soft censorship, 즉 책의 배치 제한이나 구매 제한 등을 통해 다양성과 표현의 자유 자체가 훼손되고 있다는 점이다. 이에 대해 디지털 공공도서관인 DPLA는 민주주의가 결국 '읽을 자유'에 기반한다고 주장하며 책은 언제나 모두에게 열려 있어야 한다고 강조했다.

[솔루션]

DPLA는 미국에서 금지된 모든 책의 최신 데이터베이스를 구축한 뒤 책을 금지한 도서관의 실제 위치에 지오펜스Geo-fence를 설정했다. 이를 통해 해당 도서관 안에 있는 누구든 모바일 앱을 통해 금지된 책들을 자유롭게 열람할 수 있게 만든 것이다. 누군가 책을 물리적으로 서가에서 치우려 하면 DPLA는 즉시 가상공간에 그 책을 되살려 놓았다. 어떤 책도 완전히 금지될 수 없다는 강력한 메시지를 세상에 전한 것이다.

이 프로젝트는 '금지된 북클럽Banned Book Club'이라는 이름으로 출범했는데 표현의 자유를 가장 강력하게 옹호해 온 버락 오바마 전 대통령과 파트너십을 맺은 것이 큰 힘이 됐다. 캠페인은 책 검열이 일어나는 20개 이상의 주에서 실행됐으며 인스타그램과 페이스북의 위치 기반 광고를 통해 도서관 근처 사람들에게 직접 알림을 보냈다.

[결과 및 의의]

이 브랜디드 솔루션은 사람들이 금지된 책에 접근할 수 있도록 하는 능동적 솔루션이었다. 그 결과 약 8만 명의 신규 사용자가 앱을 다운로드했다. 이 프로젝트는 무엇보다 지오펜스 설정과 디지털 전환을 통해 책을 민주적으로 유지할 수 있는 새로운 구조를 설계했다는 점에서 사회 혁신이자 표현의 자유를 지키는 실질적 방패 역할을 했다. 이 프로젝트는 2024년 원쇼의 퓨전 펜슬 부문에서 금상을 수상했다. 퓨전 펜슬은 DEI를 실천한 솔루션에 주는 명예로운 상이다.

9.
사회운동으로 제도와 문화를 바꾸다

사회 변화를 일으키는 가장 강력한 방식은 사람들의 참여를 불러일으키는 운동이다. 여기에 소개하는 7개 브랜디드 솔루션 '난민국가The Refugee Nations' '블랙슈퍼마켓The Black Supermarket' '멸종동물보호Save our species' '라이언즈 셰어The Lion's Share' '탐폰북The Tampon Book' '36개월36 Months' '사토2531SATO 2531'은 불평등, 차별, 환경파괴, 제도적 불합리와 같은 구조적 문제를 정면으로 드러냈다. 그리고 사람들이 외면하지 못하도록 상징적 행동과 집단적 참여를 이끌어 정치 사회 문제로 확대했다.

솔루션의 형태는 각각 다르지만 동일한 구조를 지닌 이 프로젝트의 핵심 인사이트는 분명하다. 제도와 문화는 위에서 아래로 바뀌지 않는다는 것이다. 사람들의 인식과 공감이 먼저 바뀌어야 그 움직임이 사회적 압력으로 작용해 제도와 문화를 전환한다. 브랜드와 유관 단체들은 이 과정을 이해했기에 참여와 체험을 통해 '나의 문제'로 받아들이게 만드는 장치를 마련했다. 그 결과 이들 솔루션이 주도한 사회운동은 일회적 캠페인을 넘어 정책의 변화, 문화적 상징의 재구성, 제도적 틀의 수정으로 이어졌다. 집단적 의지와 연대의 힘을 잘 보여준 사례다.

'난민 국가'(2016)

: 소속 없는 난민 선수들에게 무대를 연 올림픽

브랜드	국제앰네스티Amnesty International
크리에이티브 에이전시	오길비, 뉴욕Ogilvy, New York
지속가능발전목표	16. 평화·정의·제도
수상	– 2017 원쇼, 베스트 오브 쇼 – 2017 칸 라이언즈, 티타늄 라이언즈

[문제]

2016년 리우 올림픽 당시 6,000만 명 이상이 난민 상태였다. 올림픽은 전 세계 국가들이 참여하는 스포츠의 축제다. 하지만 전쟁, 박해, 기아 등으로 고향을 잃은 난민 선수들은 국적이 없다는 이유로 참가할 수 없었다. 그들의 존재는 국제 스포츠 무대에서 전혀 보이지 않았다. 무엇보다 난민 선수들은 재능이 있는데도 자신을

대표할 국기와 국가가 없어 정체성의 상실을 경험했다.

[솔루션]

이에 대한 솔루션은 난민 국가The Refugee Nations 창설이었다. 국제 앰네스티는 국제올림픽위원회IOC와 함께 난민 선수들을 모아 '난민 올림픽 팀Refugee Olympic Team'을 공식적으로 결성했다. 난민 예술가 야라 사이드Yara Said가 배를 타고 탈출할 때 입는 구명조끼의 색상 에서 착안한 오렌지색과 검은색으로 구성된 난민국기Refugee Nation Flag를 디자인했고 작곡가 사마라스Samaras가 난민 국가를 만들었다.

마침내 10명의 난민 선수들이 '난민 올림픽 팀'으로 리우 올림픽 에 출전해 전 세계에 국가 없는 국가의 존재를 상징적으로 드러냈

다. 그리고 전 세계 언론과 SNS를 통해 '난민은 인류의 일부다Refu-
gees are part of humanity.'라는 메시지를 전파했다. 2024년 파리 하계올
림픽 개막식 때 난민 팀은 올림픽 게임의 발원지인 그리스의 첫 번
째 입장에 이어 두 번째로 입장해 특별한 예우를 받았다.

[결과 및 의의]

난민 선수단은 전 세계 수억 명이 지켜보는 올림픽 개막식 무대
에서 난민 문제를 국제적 의제로 끌어올렸다. 이후 2020 도쿄 올
림픽, 2024 파리 올림픽에도 난민팀이 출전하여 일회성이 아니라
지속가능한 의례로 자리 잡았다. 이 움직임은 각국 정부와 비정부
기구가 스포츠를 통한 난민 지원 프로그램을 확대하는 계기를 만
들었다. 난민 선수단은 올림픽의 핵심 정신인 '포용과 인류애Inclu-
sion & Humanity'를 가장 선명하게 보여주는 상징이 됐으며 이를 기획
한 국제앰네스티는 글로벌 사회 정의 운동의 크리에이티브 리더로
서 위치를 공고히 했다.

이 프로젝트는 2017년 칸 라이언즈와 2017년 원쇼에서 각각 최
고의 영예라 불리는 티타늄 라이언즈와 베스트 오브 쇼를 수상했
다. 이 시대의 중요한 가치인 포용을 상징하는 명예로운 솔루션으
로 자리매김했다.

'블랙슈퍼마켓'(2017)

: 게릴라 액티비즘으로 '먹거리 접근권'을 가시화한 캠페인

브랜드	카르푸Carrefour
크리에이티브 에이전시	마르셀, 파리Marcel, Paris
지속가능발전목표	12. 지속가능한 소비와 생산
수상	- 2019 칸 라이언즈, 크리에이티브 이펙티브니스 부문 그랑프리 - 2018 원쇼, 프린트 앤드 아웃도어 부문 베스트 오브 디시플린

[문제]

유럽에는 현재 사람들이 소비할 수 있는 곡물, 채소, 과일이 전체 존재하는 품종의 단 3%에 불과했다. 나머지 97%의 작물은 거래 자체가 불법이었다. 이유는 바로 유럽의 종자법Seed Law 때문이다. 1981년 제정된 법은 농민들에게 국가의 인증을 받은 종자만을 사용하도록 규제했다. 그런데 이 종자들은 대부분 살충제에 견디도록 만들어진 하이브리드 품종이다. 그 결과 지난 수십 년간 농경 재배의 다양성이 90% 이상 사라졌다.

농민들은 값비싼 인증 종자를 구매하거나 그렇지 않으면 고소당하는 상황에 내몰렸다. 이 법은 농민들의 창의적인 재배 시도를 억압했다. 소비자들 입장에서도 더 영양가 높고 맛있는 친환경 작물을 접할 생물 다양성의 기회를 박탈당하는 결과를 낳았다.

프랑스의 가장 큰 유통업체인 카르푸는 1990년부터 유기농 제품을 판매했으며 1996년부터 GMO 식품을 허용하지 않은 첫 번째 업체이기도 했다. 그러나 위에 언급한 불합리한 법이 수정되지 않는 한 식품 유통의 올바른 생태계가 형성되지 못할 것이란 생각에 법을 바꾸는 투쟁을 결심했다. 허용되지 않은 농산물만 판매하는 '블랙슈퍼마켓The Black Supermarket'을 연 것이다. 불합리한 법에는 불법으로 대응하자는 논리를 펼친 셈이다. 일종의 게릴라 전술이었다. 동시에 카르푸는 법의 어리석음을 알리는 인쇄, 아웃도어, 영상광고를 제작해 배포함으로써 농민들을 불법 생산자가 아니라 영웅으로 만들었다.

또한 불법 작물 생산자들과 5년 동안 공급-판매 계약을 맺고 중요 오피니언 리더들을 이 프로젝트에 동참시켜 빅마우스의 역할을 하도록 하며 문제 해결에 강한 의지를 나타냈다. 카르푸는 과거 40년 동안 법 개정을 위해 노력했지만 번번이 로비에 의해 묵살된 경험이 있었다. 그래서 불법 행위임을 감내하면서 노이즈를 일으키는 방법을 선택한 것이다. 특히 블랙슈퍼마켓이 문을 연 기간은 유럽 지역의 가장 영향력 있는 식품 컨벤션인 '프렌치 내셔널 푸드 포럼French National Food Forum'이 개최된 기간이었다. 정치인들과 음식 산업에 종사하는 사람에게 쉽게 어필할 수 있는 좋은 기회였다. 카르푸는 이 프로젝트를 통해 소비자들의 관심을 촉발하고 법 개정을 위한 청원을 병행했다.

[결과 및 의의]

결과는 상상 이상이었다. 메이저 TV, 라디오, 신문에서 이 캠페인을 다루면서 블랙슈퍼마켓이 전 국가적인 어젠다가 됐다. 미디어를 통한 콘텐츠 접촉이 3억 7,700만 건에 이르렀고 유명 셰프, 저널리스트, 농업자 신디케이트까지 이 캠페인에 적극적으로 참여하면서 파급력이 더 커졌다. 소비자들은 153톤의 불법 농산물을 구입했고 8만 3,000명이 탄원서에 서명했다. 마침내 캠페인과 청원을 통해 유럽연합 차원에서 법 개정이 이루어졌으며 2017년 11월 유럽의회에서 작물 경작과 판매에 대한 새로운 법안이 통과됐다. 5억 유럽인들이 비로소 먹거리 선택에 엄청난 혜택을 누리게 됐다. 이 상황을 맞이하기 위해 유럽인들은 무려 40년을 기다려야 했다.

이 프로젝트는 소비자 행동을 통한 법 제도 변화를 끌어낸 대표적 브랜디드 솔루션의 실천 사례로 자리 잡았으며 이후 이를 벤치마킹하여 법 개정을 위한 브랜드 액티비즘의 시도가 늘어나기 시작했다. 이를 기획한 카르푸는 대형 유통 업체에서 사회적 신념을 실천하는 브랜드로 변모했다. 이 시대의 키워드 중 키워드인 지속가능성을 탑재한 브랜딩을 아주 영리하게 이뤄낸 것이다. 이 브랜디드 솔루션은 2019년 칸 라이언즈의 크리에이티브 이펙티브니스 부문에서 그랑프리를 받아 기존 법까지 바꾸게 한 창의성을 칭송받았다.

'멸종동물보호' (2018)

: 브랜드 로고를 활용한 생태보존 솔루션

브랜드	라코스테Lacoste + 국제자연보전연맹IUCN
크리에이티브 에이전시	BETC, 파리BETC, Paris
지속가능발전목표	14. 해양 생태계 보호 15. 육상 생태계 보호
수상	- 2019 원쇼, 그린 펜슬 - 2019 D&AD, 브랜딩 부문 옐로 펜슬

[문제]

멸종위기에 처한 동물들의 존재를 세상에 효과적으로 알리는 일은 그리 쉽지 않다. 매번 목록을 업데이트하고 미디어에서 알린다고 해서 해결되지 않는다. 과학적 데이터 기반의 멸종위기 상황을

일반 소비자에게 정량적이면서 감정적으로 동시에 전달할 수 있는 창의적 방법이 필요했다.

[솔루션]

2018년 파리 패션위크에서 라코스테는 상징적인 악어 로고를 잠시 내려놓았다. 대신 극도로 멸종위기에 처한 10종의 동물들을 로고로 대체한 한정판 폴로셔츠를 출시했다. 브랜드 아이덴티티인 로고를 변형시켜 새로운 의미와 가치를 전달한 아주 독창적인 사례다. 동물별 제작 수량은 해당 동물이 야생에 남아 있는 실제 개체 수와 동일하게 설정했다. 예를 들어 돌고래 바키타Vaquita는 단 30장, 자바코뿔소Javan Rhino는 67장만 제작했다. 라코스테는 국제

자연보전연맹IUCN과 3년간 파트너십을 통해 멸종동물보호Save our species 프로젝트를 실행했다. 소셜미디어, 인플루언서, 글로벌 리테일 매장, 언론을 활용한 이 독창적인 글로벌 캠페인을 통해 소비자들은 아주 쉽게 멸종동물의 위기를 인식하게 됐다.

[결과 및 의의]

한정판 폴로셔츠는 출시 직후 24시간 만에 전량 매진됐다. 메시지 확산 효과도 눈에 띄었다. 국제자연보전연맹 웹사이트 방문자 수는 200% 증가했고 뉴스레터 구독자는 300% 증가했다. 캠페인 콘텐츠는 60만 회 이상 공유됐고 총 디지털 노출은 1억 2,000만 회 이상을 기록했다. 그 결과 국제자연보전연맹 기부액은 4배 증가하는 성과를 냈다. 이 프로젝트는 전통과 상징을 가진 로고 디자인 자체가 의미의 전달자가 될 수 있음을 증명한 사례였다. 이 캠페인은 소비자를 메시지의 수동적 수용자에서 능동적 참여자로 전환시켰다는 점에서 가치가 크다.

라코스테는 브랜드의 본질과 사회적 메시지를 융합하며 지속가능한 브랜드 역할을 창의적으로 보여주었다. 이 솔루션은 2019년 원쇼의 그린 펜슬과 D&AD의 브랜딩 부문에서 옐로 펜슬을 수상함으로써 환경생태계 보존 솔루션이 효과적인 브랜딩 방법이 될 수 있음을 가시적으로 입증했다.

'라이언즈 셰어'(2019)

: 광고 속 동물을 보호의 주체로 바꾼 기부 메커니즘

브랜드	라이언즈 셰어 펀드Lion's Share Fund
크리에이티브 에이전시	클레멘저BBDO, 멜버른Clemenger BBDO, Melbourne
지속가능발전목표	14. 해양 생태계 보호 15. 육상 생태계 보호 17. 목표 이행을 위한 파트너십
수상	– 2019 칸 라이언즈, SDGs 부문 그랑프리 – 2020 원쇼, 지속가능발전 펜슬

[문제]

광고에서 사람의 눈길을 확 잡아끄는 것으로 3B가 있다는 오랜 이론이 있다. 동물Beast, 미인Beauty, 아기Baby다. 이 이론을 입증이라도 하듯 그동안 동물이 등장한 광고는 전체 광고의 20%를 차지했다. 이는 한 해 118억 달러의 광고비용 지출에 맞먹는 수치다. 덕분에 동물을 광고에 활용한 제품은 잘 팔렸다. 그러나 제품 판매에 혁혁한 공을 세웠던 동물들이 생명에 위협을 느끼고 있다. 지난 50년간 야생동물 개체 수가 약 70~83% 감소한 심각한 생태 위기 상황이 지속되고 있다. 100만 종이 넘는 동물이 인간의 못된 행동 때문에 멸종의 위기에 처해 있다. 인간의 동물 남획과 인간이 초래한 동물 거주환경의 황폐화는 결국 인간에게도 나쁜 영향을 미치게 돼 있다. 이제 동물을 활용했던 기업들이 동물을 보호해야 할 때가 왔다.

'라이언즈 셰어The Lion's Share'는 광고에서 동물이 등장할 때 해당 미디어 구매 비용의 0.5%를 자연보호기금에 자동 기부하도록 하는 새로운 이니셔티브다. 지금까지 동물을 활용해 마케팅에 도움을 받았으니 앞으로 마케팅에 동물을 활용할 때는 동물에게 도움을 주자는 콘셉트다. 3년 내 1억 달러의 기금 모금을 목표로 하고 있는 이 펀딩 프로젝트는 모인 기금으로 위기에 처한 동물을 보호하고 있다.

이 프로젝트는 유엔의 지지를 받고 있으며 이미 닐슨, BBDO, 이코노미스트 그룹, JC드코, 구찌, 카르티에, 핀치에 이르는 컨설팅 회사, 광고 회사, 명품 브랜드 기업, 국제기구 등의 파트너를 끌어들였고 이러한 파트너십은 계속 늘어갈 전망이다. 이 기금은 유엔개발계획UNDP이 주도하는 '라이언즈 셰어 펀드Lion's Share Fund'에 적립돼 야생 생물 보호, 서식지 복원, 관련 프로젝트에 투자된다. 일회성 참여가 아니라 지속가능한 구조 설계여서 참여 기업은 광고에 동물을 사용하는 만큼 자연에도 기여하게 된다. 참여 기업은 '라이언즈 셰어' 로고를 사용할 수 있다.

[결과 및 의의]

출시 이후 약 50개 브랜드가 참여했으며 사업은 계속 확산 중이다. 이 기금을 통해 이미 모잠비크 니아사 보호구역에서는 불법으로 자행되는 야생동물 포획 및 판매에 강력한 제재를 가해 10년 만에 처음으로 단 한 건의 코끼리 밀렵도 발생하지 않았다. 인도네시아 수마트라에서는 멸종 위기종을 위한 서식지 복원과 오랑우탄, 코끼리, 코뿔소 보호를 진행했다. 그리고 호주 산불 이후 야생동물 치료와 보호를 위한 지원도 실시했다. 이 프로젝트가 직관적으로 관심을 끌 수 있었던 것은 동물을 활용해 이득을 본 기업들이 그 이득을 동물에게 돌려주는 플랫폼이 가치 있다고 느껴졌기 때문이다.

기업들이 지금까지 번 돈의 일부를 사회에 환원한 이유가 인간을 위했던 것이라면 이젠 지구의 생명 공동체인 동물을 위해 사회에 환원하는 것으로 그 영역이 넓혀진 것이다. 또한 소비자와 광고 담당자 모두가 자연보호에 참여한다는 인식을 하게 하는 상징적 캠페인이 됐다는 점에서도 의미가 크다. 인식이 바뀌어야 행동이

유발되기 때문이다. 이 솔루션은 2019년 칸 라이언즈의 지속가능
발전목표SDGs 부문에서 그랑프리와 2020 원쇼의 지속가능발전 펜
슬을 수상하며 새로운 기부 문화를 창출한 창의성을 인정받았다.

'탐폰북'(2019)
: 여성 생리용품의 비상식적 부가세를 폐지한 솔루션

브랜드	피메일 컴퍼니Female Company
크리에이티브 에이전시	숄츠 앤드 프렌즈, 베를린Scholz & Friends, Berlin
지속가능발전목표	03. 건강과 웰빙 05. 젠더 평등
수상	- 2020 칸 라이언즈, PR 부문 그랑프리 - 2020 D&AD, 임팩트 부문 화이트 펜슬, 　미디어 부문 옐로 펜슬, PR 부문 옐로 펜슬, 　다이렉트 부문 옐로 펜슬

[문제]

독일에서 오일 페인팅이나 캐비아 그리고 요즘 한국에서 아주 핫
한 식재료인 트러플에 부과되는 세금은 얼마일까? 7%다. 그러면
여성들이 생리 중 활용하는 위생 필수품 탐폰은? 무려 19%다. 독
일에서 사치품에 부과하는 가장 상위에 속하는 부가가치세율이다.

탐폰이 오일 페인팅보다 더 사치품인가? 왜 이런 일이 벌어졌을
까? 남자가 법을 만들었기 때문이다. 50년 전 독일에서는 남자들
만 모여 법을 만들었다. 그 결과 여성 위생용품에 19%라는 터무니
없는 세율을 부과했다. 그 법은 수십 년간 바뀌지 않은 채 유지됐

다. 심지어 아프리카 케냐에서도 이런 불합리한 법을 개정했다. 칸트를 배출한 이성의 나라 독일에서 여전히 이런 상황이 존재했다는 것은 충격적이었다.

[솔루션]

온라인으로 탐폰을 판매하는 '피메일 컴퍼니Female Company'에서 묘안을 생각했다. 책에는 7%의 세금만 부과되기에 책 속에 탐폰을 끼워 넣어 책값으로 판매하는 것이었다. '탐폰북Tampon Book'이 탄생하게 된 배경이다. 40페이지로 구성된 이 책엔 15개 탐폰이 들어 있다. 책 내용은 젠더 불평등, 어리석은 세금 책정 제도, 생리에 대한 올바른 사회 인식에 관련된 삽화와 텍스트로 구성돼 있다. 이 책은 일주일도 안 돼 1만 권이 판매되면서 세금을 교묘히 회피한

똑똑한 방법으로 주목을 받았다.

진정한 성과는 탐폰북The Tampon Book이 법을 바꿨다는 사실이다. 독일의 방송 매체들은 앞다투어 탐폰북을 다뤘고 여론은 빠르게 확산했다. 법 개정을 요구하는 탄원은 15만 명을 돌파했으며 인플루언서, 정치인, 저널리스트들까지 연대해 강력히 지지했다. 결국 2019년 11월 7일 독일은 탐폰세를 공식 폐지했다. 탐폰북이 법을 바꾼 것이다. 이로써 탐폰북은 책 이상의 의미를 지니게 됐다. 창의적인 판매 방식이자 50년 동안 방치된 구조적 불평등을 해결한 실질적인 브랜디드 솔루션이 됐다.

이 솔루션은 사람들에게 문제점을 인식하게 하고 그 문제 해결에 동참케 해 마침내 법까지 바꾼 PR의 힘이 얼마나 영향력이 클 수 있는지를 보여주었다. 그 역량을 인정받아 2020년 칸 라이언즈의 PR 부문에서 그랑프리를 받았다.

'36개월'(2024)
: 법 개정을 이끈 사회운동 솔루션

브랜드	36개월36 Months
크리에이티브 에이전시	슈퍼매시브, 시드니Supermassive, Sydney + 핀치, 시드니Finch, Sydney

지속가능발전목표	03. 건강과 웰빙 16. 평화·정의·제도
수상	– 2025 원쇼, 지속가능발전 펜슬 – 2025 스파익스 아시아, PR 부문 그랑프리

[문제]

10대, 특히 13세에서 16세의 시기는 정체성과 자아가 형성되는 매우 중요한 성장기다. 그러나 소셜미디어에 과도하게 노출될 경우 이들의 정신 건강이 급격히 악화할 수 있으며 불안, 우울, 자해, 심지어 사고 증가와 직결된다. 조사에 따르면 1996년에 태어난 세대들은 중학교 때 역사상 처음으로 소셜미디어를 접한 세대다. 이 세대에서 2011~2013년부터 자해율과 자살률이 치솟았다. 정확히 소셜미디어 사용량의 증가 패턴과 같다는 것이다. 호주의 현행법은 소셜미디어 가입 최소 연령을 13세로 규정했다. 이는 미국의 「아동 온라인 개인정보 보호법COPA, Children's Online Privacy Protection Act」에 기반한 일률적 기준일 뿐 호주의 정책 기반은 충분하지 못했다.

[솔루션]

이 솔루션의 핵심은 단 하나의 목표에 집중했다. 바로 소셜미디어 가입 최소 연령을 13세에서 16세로 상향 조정하는 것이다. 이를 추진하기 위해 부모, 교육자, 전문가, 그리고 유명인들의 목소리와 실제 겪었던 경험을 결합해 강력한 '정서 기반 스토리텔링emotional storytelling'을 전개했다. 라디오, 프라임타임 뉴스, 소셜미디어, 유명인의 동참 등 다채로운 홍보 수단을 동원해 사회적 공감과 지지를 확대했다.

[결과 및 의의]

2024년 11월 7일 호주 총리 발표와 11월 28일 상원 통과로 소셜미디어 가입 연령이 공식적으로 16세로 변경됐다. 최종 온라인 서명자 수는 12만 7,805명을 돌파했고 유고브YouGov 조사에서 호주 국민의 77%, Z세대의 91%가 이 변화를 지지한다고 응답했다. 이 캠페인의 PR 효과는 압도적이었다. 캠페인 관련 노출량은 23억 건 이상, 인스타그램 조회수는 240만 회 이상, 상호 작용은 10만 회 이상을 기록했다.

이 솔루션은 인식 제고를 넘어 실질적인 제도 변화를 이끈 대표적인 '정책 중심 캠페인'이었다. 특히 호주의 법제화 이후 영국, 유럽연합, 뉴질랜드, 일본 등 다른 국가들과 대화와 협업을 진행하고 있어 글로벌 프레임워크로서의 역할을 확장 중이다. 이 솔루션은 2025년 원쇼의 지속가능발전 펜슬을 수상함으로써 법 개정을 끌어내는 솔루션의 중요성을 더욱 부각하는 계기가 됐다. 법은 강제력을 갖기 때문이다.

'사토2531'(2025)
: 이름과 정체성을 지킨 스토리텔링 솔루션

브랜드	아수니와협회Asuniwa Association
크리에이티브 에이전시	덴츠 디지털, 도쿄Dentsu Digital, Tokyo
지속가능발전목표	16. 평화·정의·제도
수상	- 2025 D&AD, 통합 협력 캠페인 부문 옐로 펜슬 - 2025 클리오, 크리에이티비티·스토리텔링 부문 그랜드 어워드

[문제]

일본에서는 결혼할 경우 반드시 부부가 동일한 성姓을 사용해야 한다는 법이 여전히 존재한다. 그 결과 약 95%의 여성이 남편의 성을 따른다. 더욱이 일본 국회의원의 90% 이상이 남성이어서 법 개정은 현실적으로 극도로 어려운 상황이었다. 이는 여성의 고유한 정체성을 지워버리고 나아가 성 다양성이 급격히 감소하는 사회 문제를 불러일으켰다.

[솔루션]

이에 대응해 '아수니와협회'와 '싱크 네임 프로젝트Think Name Proj-ect'는 도호쿠대학교 교수의 연구 결과를 바탕으로 충격적인 시나리오를 제시했다. 바로 '현재의 법이 유지된다면 서기 2531년에는 모든 일본인의 성이 사토Sato가 될 것이다.'라는 경고였다. 이 메시지를 사회적으로 확산하기 위해 40여 개 기업, 예술가, 만화 캐릭터, 운동선수들이 일시적으로 자신들의 이름이나 브랜드와 로고를 'SATO(사토)'로 변경하는 퍼포먼스를 전개했다. 이는 곧 사회적 대화를 촉발하는 강력한 계기가 됐다.

[결과 및 의의]

사토2531SATO2531 캠페인은 전 세계적인 주목을 받았다. 무려

102개국 1,500여 개 매체가 보도했다. 여론 형성은 곧 국제적 압력으로 이어졌다. 유엔 여성기구UN Women는 일본 정부에 2년 내 법 개정을 권고했고 일본 내부에서도 법 개정을 지지하는 후보가 총리로 선출되는 정치적 변화를 끌어냈다. 일반 시민들의 인식도 바뀌었다. 선호도 조사에서 73%의 국민이 '선택적 성씨 제도' 도입에 찬성 의사를 밝혔다.

이 캠페인은 '데이터 기반 캠페인Data-driven Campaign'이 실제 법과 제도의 변화를 견인할 수 있음을 증명한 대표적 사례가 됐다. 무엇보다 디지털 시대의 획일화 흐름에 맞서 정체성과 문화를 지키는 대안이 됐다는 점에서 의의가 크다. 성과 이름의 문제를 통해 개인의 정체성과 사회적 다양성이 얼마나 중요한가를 환기시키며 사회운동 차원에서 이름과 정체성의 가치를 높이는 거대한 여론을 형성했다. 이 캠페인은 2025년 클리오의 크리에이티비티·스토리텔링 부문에서 그랜드 어워드를 수상하며 수많은 인플루언서가 참여한 스토리텔링의 힘을 입증했다.

10.
가상현실의 게임이 현실을 바꾸다

게임은 오랫동안 '가상'과 '오락'의 영역에 머물러 있었다. 하지만 오늘날 게임화된 사고방식Gamified Mindset과 메커니즘은 더 이상 화면 속 세계에만 머물지 않는다. 사회 문제를 새롭게 체험하게 하고 몰입 속에서 행동 변화를 유도하며 결국 현실을 바꾸는 촉매제가 된다. '스티브니지 챌린지Stevenage Challenge' '사이버 불링의 대가 The Cost of Bulling' '마지막 시험The Final Exam' 등 여기 소개한 프로젝트들이 보여주는 공통점은 게임의 규칙을 빌려와 현실의 불평등과 위기를 드러냈다는 것이다. 소규모 축구팀을 세계적 e스포츠 게임 속에서 가장 인기 있는 클럽으로 탈바꿈한 전략, 학교폭력의 대가를 게임 속 지출과 캐릭터 손실로 환산해 가시화한 장치, 게임 속에서 압박과 긴장을 통해 총기 규제의 필요성을 체험하게 만든 기획은 모두 형식은 다르지만 한 가지를 증명한다. 게임은 놀이면서 세상을 이해하는 또 다른 문법이라는 점이다.

여기서 얻을 수 있는 인사이트는 사람들은 논리나 데이터보다 경험을 통해 더 깊이 배운다는 점이다. 게임은 참여와 몰입을 통해 방관자가 아니라 플레이어로서 사회 문제 속에 들어서게 한다. 이 체험적 접근은 기존의 캠페인이나 교육으로는 도달하기 어려운 강렬한 각성으로 이끈다. 따라서 게임적 솔루션은 사람들의 인식을 재구성하고 행동 변화를 촉발하는 사회적 시뮬레이터라 할 수 있다.

'스티브니지 챌린지'(2019)
: 약자를 승자로 만든 게임 기반 솔루션

브랜드	버거킹Burger King
크리에이티브 에이전시	데이비드, 마드리드·마이애미David, Madrid·Miami
지속가능발전목표	16. 평화·정의·제도
수상	- 2021 칸 라이언즈, 다이렉트 부문 그랑프리 - 2020 원쇼, 소셜미디어 부문 베스트 오브 디시플린 펜슬

[문제]

잉글랜드 4부 리그에 속한 작은 축구 클럽 '스티브니지 FC'는 낮은 인지도와 재정적 한계라는 이중고를 겪고 있었다. 경기력 향상은 물론 스폰서십 가치를 높이는 데도 어려움이 있었다. 특히 글로

벌 브랜드의 시각에서 보면 매력적이지 않은 구단이었다. 결국 이들의 핵심 과제는 '작은 구단이 어떻게 전 세계 팬들의 주목을 받을 수 있을까?'라는 문제였다.

[솔루션]

이때 글로벌 패스트푸드 브랜드 버거킹이 유니폼 스폰서로 참여하면서 혁신적인 아이디어를 실행했다. 스티브니지 FC는 국제적으로 인기 있는 축구 게임 피파FIFA에 정식 구단으로 등장하고 있었다. 캠페인 팀은 이 사실에 주목해 스티브니지 챌린지#StevenageChallenge를 시작했다. 팬들에게 피파 게임 속에서 스티브니지를 선택해 플레이하고 메시, 호날두, 네이마르 같은 스타 선수들을 활용해 골을 넣는 콘텐츠UGC를 만들고 공유하도록 유도했다. 거액을 지급해 공식 선수 스폰서로 삼지 않아도 게임이라는 플랫폼을 통해 유명 선수 이미지를 활용한 브랜드 노출을 확보할 수 있었던 것이다. 버거킹은 현실에서 약점을 극복하기 어렵다면 가상의 무대에서 강점으로 바꾸자는 현명한 전략을 시도했다.

[결과 및 의의]

50개국 이상의 게이머들이 스티브니지를 선택하며 소셜미디어에서 폭발적인 바이럴을 만들어냈다. 실제 경기장에서는 하부 리그 팀이지만 온라인 세계에서는 세계에서 가장 많이 사용된 피파 클럽 중 하나가 됐다. 이 과정에서 버거킹의 로고는 수백만 게임 플레이 영상과 이미지에 노출돼 엄청난 미디어 가치를 창출했다. 실제 구단 저지 판매량도 역사상 최고치를 기록하는 성과를 냈다.

스티브니지 챌린지Stevenage Challenge 프로젝트는 디지털 환경을 현명하게 활용한 브랜디드 솔루션의 대표적인 사례다. 작은 구단이 가진 현실의 약점을 디지털 무대에서 강점으로 전환할 수 있음을 보여주며 디지털 액티베이션의 진정한 힘을 증명한 혁신적 캠페인으로 평가받았다. 이 솔루션은 2020년 원쇼의 소셜미디어 부문에서 베스트 오브 디시플린을, 2021년 칸 라이언즈의 다이렉트 부문에서 그랑프리를 수상했다. 이후 게임 콘텐츠를 솔루션으로 활용하는 프로젝트들이 줄을 잇는 계기를 마련했다.

'사이버 폭력의 대가'(2022)

: 괴롭힘에 대가를 부과한 행동 변화 메커니즘

브랜드	삼성Samsung
크리에이티브 에이전시	제일기획 펑타이, 베이징Cheil PengTai, Beijing + 제일기획, 홍콩Cheil, Hong Kong
지속가능발전목표	16. 평화·정의·제도
수상	– 2022 원쇼, 게이밍 부문 베스트 오브 디시플린 펜슬

[문제]

중국에 온라인 게임 산업이 폭발적으로 성장하면서 동시에 사이버 폭력이 심각한 사회 문제로 부각됐다. 실제로 게임 이용자의 절반 가까이가 게임 중 한 번 이상 괴롭힘을 경험했다고 응답했다. 이는 건강하고 즐거운 게임 환경을 방해하는 주요 요인이 됐다. 많은 사람에게 게임은 더 이상 즐거움이 아니라 상처의 경험이 되고 있었다.

[솔루션]

이 문제를 해결하기 위해 중국에서 방대한 이용자를 보유한 인기 게임 '매직 퀘스트Magic Quest'에 특별한 기능을 도입했다. 바로 '모욕적 언어 탐지 시스템Abusive Language Detection System'을 연동한 것이다. 이 시스템은 게임 중 괴롭힘이 감지될 때마다 아이템(무기, 방어구, 파워업 등) 가격이 자동으로 상승하도록 설계됐다. 다른 게이

머를 괴롭히는 플레이어는 더 높은 비용을 치르고 아이템을 구매해야 하는 상황에 직면하게 된 것이다.

[결과 및 의의]

단 일주일의 캠페인 기간에 상대방을 괴롭힌 100만 명이 넘는 이용자가 실제로 비용을 지불해야 했다. 무엇보다 중요한 성과는 괴롭힘 행위가 40% 이상 감소했다는 점이다. '온라인 게임에서도 괴롭힘에는 대가가 따른다There is a price for bullying, even in online games.'라는 강력한 경고를 전달한 것이다. 이 브랜디드 솔루션의 의의는 온라인 플랫폼을 '개입의 장'으로 전환했다는 데 있다. 게임이라는 가상공간에 윤리적 구조를 직접 연결하여 사회 문제를 해결한 전례 없는 시도로 플랫폼이 오락과 함께 책임 있는 사회적 기능을 수

행할 수 있음을 증명한 솔루션이었다.

사이버 폭력의 대가The Cost of Bullyng 솔루션은 2022년 원쇼의 게이밍 부문에서 베스트 오브 디시플린 펜슬을 수상했다. 원쇼가 게이밍 부문을 신설한 첫해의 영광이기도 했다. 게임 인구 증가와 게임을 이용한 참신한 솔루션 때문에 이후 다른 어워드에서도 게이밍 부문을 신설하는 분위기가 형성됐다.

'마지막 시험'(2024)

: 총기 폭력 프레임을 뒤집은 교육 기반 게임 콘텐츠

브랜드	체인지 더 레프Change The Ref
크리에이티브 에이전시	에너지BBDO, 시카고Energy BBDO, Chicago
지속가능발전목표	16. 평화·정의·제도
수상	- 2025 원쇼, 게이밍 부문 골드 펜슬 - 2025 칸 라이언즈, 미디어 부문 금상 - 2025 D&AD, 앰팩트·PR 부문 화이트 펜슬

[문제]

미국에서는 매년 반복되는 학교 총기 난사 사건이 발생할 때마다 일부 정치인과 언론은 총기 규제의 본질적 문제를 외면한 채 고강도 게임 콘텐츠가 청소년을 폭력적으로 만든다는 허위 인식을 퍼뜨려왔다. 게임 콘텐츠가 '마녀사냥의 도구'로 악용된 것이다. 이로 인해 정책 논의의 초점은 흐려지고 실질적인 총기 규제 입법은 계속해서 미뤄지는 상황이다.

[솔루션]

이 문제를 전환하기 위해 제안된 솔루션의 핵심은 '초현실적 생존 게임Hyper-realism Survival Game'을 디자인하는 것이었다. 이 게임은 실제 '학교 총기난사 데이터School Shooting Data'를 기반으로 제작돼 플레이어에게 극도의 몰입 경험을 제공했다. 게임 속에서 플레이어는 결코 안전하지 않은 교실에 갇힌 학생이 돼 10분 동안 생존해야 한다. 생존을 위해서 학교 곳곳에 숨겨진 5개 실제 총기 규제 법안, 예를 들어 공격 무기 금지Assault Weapons Ban, 고용량 탄창 금지High-capacity Magazine Ban, 안전 보관법Safe Storage Laws 등을 찾아야 한다.

게임을 완수한 플레이어는 성취감을 얻는 것으로 만족하지 않았다. 그들은 직접 정치인들을 SNS에 태그해 행동을 촉구하거나 의

회 인근에서 열린 특별 이벤트에 초대돼 법률 제정을 압박하는 캠
페인에 참여하기도 했다. 심지어 이 게임은 실제 미국 의회에도 배
포됐다. 한마디로 인터랙티브 게임을 활용한 교육 기반의 사회운
동이었다.

[결과 및 의의]

마지막 시험The Final Exam 게임은 무료 배포, 인기 스트리머와의
협업, 트위치콘TwitchCon 발표를 통해 25만 명 이상이 플레이했고
누적 게임 플레이 시간은 12만 시간을 넘어섰다. 또한 약 25억 회
에 달하는 노출을 기록하며 언론과 정치권까지 파급됐다. 이 프로
젝트는 게임이 폭력의 원인이라는 잘못된 프레임을 깨뜨렸을 뿐
아니라 기존에 부정적으로 작용하던 게임 문화를 학습과 행동 참
여를 자극하는 도구로 전환했다는 점에서 큰 의미가 있다.

총기 규제의 필요성을 가장 직관적이고 강렬한 방식으로 교육시
킨 전례 없는 브랜드 액티비즘 사례였다. 이 솔루션은 2025년 원
쇼의 게이밍 부문에서 골드 펜슬과 칸 라이언즈의 미디어 부문에
서 금상을 수상했다. 게임이 몰입형 엔터테인먼트 미디어이자 문
제 해결을 경험하는 미디어로도 자리매김한 것이다.

옳은 브랜드를 지지할 준비가 되었나요

지금까지 살펴본 브랜디드 솔루션을 통한 브랜드 액티비즘은 서로 다른 문제점에 대해 각각 독특한 방식으로 해법을 찾아낸 경우다. 그중에서 몇 가지 공통점을 찾을 수 있다. 우선 기술 적용이 메가 트렌드라는 것이다. 기술이 적용된 솔루션에서 기술은 문제해결의 핵심이기에 브랜디드 솔루션의 새로운 패턴을 만들어내고 그 새로움이 브랜드 자산을 강화한다. 둘째, 문제점 정의에 데이터가 활발하게 활용된다. 데이터를 분석하는 것은 문제점을 정확하게 정의하고 솔루션에 직결되는 인사이트를 찾기 위함이다. 이를 통해 핀포인트 솔루션이 작동한다. 셋째, 그렇게 만들어진 브랜디드 솔루션은 한 번의 솔루션에 그치지 않고 시스템을 만든다. 시스템이 된 솔루션은 벤치마킹하기 쉽고 적용하기 쉽고 확장성이 높다. 이 같은 혁신적이고 직관적인 설계를 통해 기획된 솔루션은 사람들의 자발적인 참여를 유도한다.

그러나 무엇보다 이 책에서 소개한 브랜드 액티비즘이 핵심 가치로 삼고 있는 공통점 하나를 찾으라면 단연코 '진정성'이다. 마케팅 경로가 다양해지고 미디어 환경이 파편화되면서 사람들의 마음을 얻고 행동으로 유도하는 일이 예전보다 어려워졌다. 사람들의 미디어 리터러시와 디지털 리터러시가 높아짐에 따라 커뮤니케이션에 대한 이해도도 높아져 그에 대한 반응이 훨씬 더 까다로워진 것이다. 아무리 사회를 위해 좋은 일에 동참해달라고 호소해도 너무나 뻔한 방식이라면 주최자의 진정성은 의심받게 되고 냉소적 반응이 돌아오기 십상이다. 미디어를 통해 아프리카 아이들의 비참한 모습을 보여주며 동정심을 유발하는 영상들을 '빈곤 포르노'라고 부르는 현상도 나타났다. 진정성보다는 모금에만 치우친 홍보성 활동을 비난하는 것이다. 또한 브랜드 액티비즘은 언제나 환영받는 선택은 아니라는 점도 기억해야 한다. 정치 사회 문제에 개입하는 순간 브랜드는 지지와 함께 반발을 감수해야 하고 때로는 단기적인 손실과 오해를 감내해야 한다. 그러나 그 위험을 회피하는 브랜드보다 감수하는 브랜드가 결국 더 오래 신뢰받는다.

그렇기에 지속가능성을 향한 브랜드 액티비즘은 옳은 방향으로 사람들의 인식을 변화시키기 위해 진정성에 기반을 두어야 하고 자발적 참여를 유도할 수 있도록 직관적이어야 한다. 또한 브랜드 액티비즘은 맞닥뜨린 문제를 해결할 수 있는 구체적이고 실질적인 솔루션이어야 한다. 기술을 활용하여 재미있으면서도 가치를 느낄 수 있는 참여형 플랫폼이 브랜디드 솔루션의 추세가 되고 있는 것은 바로 이런 이유에서다.

앞으로도 마케팅, 브랜딩, 광고계에서 '브랜드 액티비즘'과 같은 새로운 용어가 또 탄생하고 회자될지는 모르겠으나 그 모든 변화의 중심에는 언제나 지속가능이란 굳건한 한 단어가 자리할 것이다. 지속가능은 인간의 생존에 꼭 필요한 의식주와 같은 개념이 됐기 때문이다. 브랜드는 그들이 가진 브랜드의 속성을 통해 어떻게 사람의 인식을 바꾸고 올바른 방향으로 세상을 바꿔나갈지 끊임없이 고민할 것이다. 사람들은 그런 브랜드를 칭찬하고 단순한 소비자가 아니라 그들의 영원한 팬덤이 될 것이다. 결국 이 책의 부제가 의미하는 바대로 '옳은 브랜드가 파워 브랜드'가 될 것이다.

이제 브랜드는 메시지를 던지는 존재를 넘어 자신이 만든 변화에 책임지는 사회적 주체가 되어야 한다. 그렇다면 우리는 어떤 브랜드를 선택할 것인가? 무엇을 말하는 브랜드가 아니라 무엇을 바꾸는 브랜드를 지지할 준비가 되어 있는가?

| 주 |

1. 이란, 이라크, 리비아, 소말리아, 수단, 시리아, 예멘 7개국을 대상으로 했다.

2. 2020년 기준 20~39세 한국 여성 자살률은 인구 10만 명당 18.9명으로 같은 연령대 세계 평균(5.07명)의 거의 4배 수준이다. (출처: 코리아타임스, 2025.09.06.)

3. 일·가정 갈등에 노출된 직후 우울 증상이 즉각적으로 증가했으며 두 번째 노출 시점에서 그 수준이 최고조에 달했다(Depressive symptoms increased immediately following exposure to WFC(Work–Family Conflict) and peaked during the second wave of exposure)., (출처: Corresponding author for this School of Health Policy and Management, https://pure.korea.ac.kr/en/publications/persistentexposure-to-work-family-conflict-and-depressive-sympto/?utm_source=chatgpt.com); 남편의 돌봄 참여에 대해 불만을 표시한 여성들은 우울 증상을 겪을 가능성이 더 높았다(Women who reported dissatisfaction with their husband's participation in caregiving were more likely to have depressive symptoms)., (출처: Association Between Unequal Division of Caregiving Work and South Korean Married Women's Depressive Symptoms, https://www.frontiersin.org/journals/public-health/articles/10.3389/fpubh.2022.739477/full?utm_source=chatgpt.com)

4. 동아사이언스, 2019.06.27., '82년생 김지영' 51년생 엄마 세대보다 "살기 더 고달파"

5. 유리 절벽 효과는 여성이나 소수자 집단의 리더들이 위기 상황이나 실패 가능성이 높은 자리로 임명되는 현상을 말한다.

6. 광고비를 지불하지 않고 자연스럽게 발생한 콘텐츠 조회수를 말한다.

7. 다른 곳에서 발생한 온실가스 배출량 감축 또는 제거량을 구매하여 자신의 온실가스 배출량을 보상하고 상쇄하는 메커니즘을 말한다.

8. 언드 미디어(Earned Media)는 브랜드가 직접 광고비를 지불하지 않아도
언론 보도, 소셜미디어 노출, 입소문, 인플루언서 언급 등으로 자연스럽게 노
출되는 모든 미디어 노출 효과를 말한다.

이제 CSR과 ESG를 넘어 브랜드 액티비즘이다

브랜드 액티비즘

초판 1쇄 인쇄 2026년 2월 11일
초판 1쇄 발행 2026년 2월 23일

지은이 김홍탁 김예하
펴낸이 안현주

기획 류재운 **편집** 안선영 김재훈 **브랜드마케팅** 이민규 **영업** 안현영
디자인 표지 정태성 본문 장덕종

펴낸 곳 클라우드나인　**출판등록** 2013년 12월 12일(제2013-101호)
주소 우) 03993 서울시 마포구 월드컵북로 4길 82(동교동) 신흥빌딩 3층
전화 02-332-8939　**팩스** 02-6008-8938
이메일 c9book@naver.com

값 20,000원
ISBN 979-11-94534-64-8 03320

---

* 잘못 만들어진 책은 구입하신 곳에서 교환해드립니다.
* 이 책의 전부 또는 일부 내용을 재사용하려면 사전에 저작권자와 클라우드나인의 동의를 받아야 합니다.

* 클라우드나인에서는 독자여러분의 원고를 기다리고 있습니다.
  출간을 원하는 분은 원고를 bookmuseum@naver.com으로 보내주세요.

* 클라우드나인은 구름 중 가장 높은 구름인 9번 구름을 뜻합니다. 새들이 깃털로 하늘을 나는 것처럼 인간은
  깃펜으로 쓴 글자에 의해 천상에 오를 것입니다.